Tutorización del aprendizaje en la empresa

SSCE0059 Servicios Socioculturales y a la Comunidad

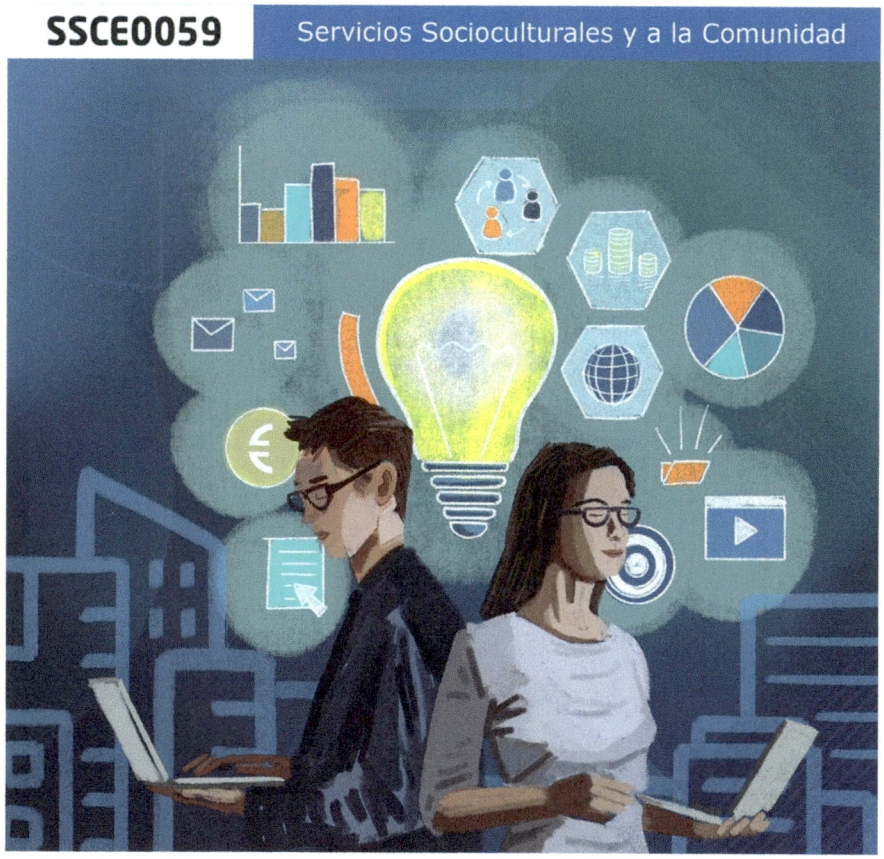

EF/SSCE0059/ENE/24

Anagrama «LUCHA CONTRA LA PIRATERÍA», propiedad de Unión Internacional de Escritores.

Consejo de redacción

Olga de Vega Artalejo
Iván Ríos Gómez

Maquetación

Beatriz Mateos Caballero

Ilustración de cubierta

Ignacio Velasco Marugán

© CEA. Ediciones Valbuena

ISBN: 978-84-1116-795-6
Depósito legal: M-1616-2024
Editado en enero de 2024
Imprime: Ediciones Valbuena, S.A.
Impreso en España. Printed in Spain

Presentación

Comprometidos por ofrecer una propuesta formativa ajustada a las necesidades de la sociedad y del mercado de trabajo, Ediciones Valbuena presenta este manual para la Especialidad formativa de **Tutorización del aprendizaje en la empresa**, perteneciente a la Familia profesional de **Servicios Socioculturales y a la Comunidad**.

Esta **Especialidad formativa**, con una duración asociada de 30 horas, se integra en el Catálogo de especialidades con el código SSCE0059.

En la elaboración de los contenidos hemos pretendido garantizar la **adquisición de los conocimientos, destrezas y habilidades** necesarios para poder **tutorizar acciones formativas**.

En nuestra página web **www.edicionesvalbuena.es** estarás al día de todo en cuanto a información sobre cursos, productos y servicios se refiere, además tendrás la opción de dirigirnos cualquier consulta o sugerencia.

Esperando haber cumplido el objetivo propuesto, te expresamos nuestros mejores deseos de éxito.

Ediciones Valbuena

Índice

Iconos de Información

Recuerda

Definición

Ejemplo

Nota

Importante

Más información

Resumen

Lectura recomendada

Vocabulario

Audios

Actividad

UNIDAD DIDÁCTICA 1

Contexto de la empresa como espacio de formación

Contenido & Objetivos

Introducción

1. Identificación de la normativa legal de aplicación relacionada con la formación en empresa

2. Comprensión de los elementos claves en el proceso de tutorización de la formación vinculado a contratos formativos y prácticas no laborales en empresas

3. Aproximación al sector productivo en el que se desarrolla la actividad de la empresa

4. Definición de perfil profesional de la persona tutora. Funciones y responsabilidades

Resumen

Los **objetivos** de esta unidad son:

1. Identificar el marco normativo vigente de la tutorización del aprendizaje en la empresa.

2. Averiguar cuáles son las tendencias del sector formativo.

3. Describir el perfil competencial de la persona tutora de empresa.

4. Comprender la importancia de la motivación de las personas tutorizadas.

5. Conocer el valor de la colaboración en la tutorización entre el centro formativo y la empresa.

6. Advertir qué herramientas tecnológicas y de gestión de la información se usan en el sector formativo.

Introducción

El contexto de la empresa como espacio de formación se refiere a la idea de que las empresas pueden ser entornos propicios para el aprendizaje y desarrollo de habilidades. Este enfoque reconoce que la educación y la formación no se limitan al aula, sino que también pueden tener lugar dentro de las organizaciones a medida que los empleados llevan a cabo sus tareas diarias.

Además, el hecho de considerar el contexto de la empresa como un espacio de formación implica reconocer y aprovechar las oportunidades de aprendizaje que surgen naturalmente en el entorno laboral, promoviendo un enfoque integral para el desarrollo de habilidades y conocimientos.

El perfil profesional de una persona tutora varía según el contexto y el ámbito en el que se desempeñe. De esta forma, la persona tutora puede ser un tutor académico en una institución educativa, un mentor en el lugar de trabajo o un tutor en línea, entre otras posibilidades.

El uso de herramientas tecnológicas y la gestión de la información en el sector educativo es un aspecto clave para mejorar la calidad de la educación y garantizar prácticas docentes efectivas.

11

1. Identificación de la normativa legal de aplicación relacionada con la formación en empresa

La formación en empresas está regulada por diversas normativas legales que buscan promover el desarrollo de habilidades y competencias de los trabajadores. Algunas de las normativas más relevantes son las siguientes:

- **Real Decreto-ley 32/2021, de 28 de diciembre, de medidas urgentes para la reforma laboral, la garantía de la estabilidad en el empleo y la transformación del mercado de trabajo.**

  Conocido como la Reforma laboral de 2022 es un decreto-ley que modificó la Ley del Estatuto de los Trabajadores.

- **Artículo 11 del Estatuto de los Trabajadores.**

  El artículo 11.2 del Estatuto se centra en el contrato de formación en alternancia, mientras que el artículo 11.3 aborda el contrato formativo para la obtención de práctica profesional.

- **Ley Orgánica 3/2022, de 31 de marzo, de ordenación e integración de la Formación Profesional, por la que se regulan las prácticas de ciclos de formación profesional.**

  Establece los tipos de ofertas de capacitación y títulos, así como orienta la integración de ofertas para crear una oferta acreditada y accesible donde todos puedan diseñar y construir un camino que se adapte a las necesidades de cada individuo y/o empleado.

- **Real Decreto 592/2014, de 11 de julio, por el que se regulan las prácticas académicas externas de los estudiantes universitarios.**

  Busca asegurar la calidad y el valor formativo de las prácticas académicas externas, promoviendo la colaboración entre las instituciones educativas y las entidades del ámbito profesional.

- **Ley 30/2015, de 9 de septiembre, por la que se regula el Sistema de Formación Profesional para el Empleo en el ámbito laboral.**

  Establece las bases para el sistema de formación profesional para el empleo, incluyendo la planificación, programación y financiación de la formación, así como la participación de los agentes sociales.

- **Real Decreto 1529/2012, de 8 de noviembre, por el que se desarrolla el contrato para la formación y el aprendizaje y se establecen las bases de la formación profesional dual.**

Busca fomentar la inserción laboral de jóvenes a través de un contrato que combine la formación teórica con la práctica en el entorno laboral, estableciendo las condiciones y requisitos para su implementación.

- **Real Decreto-ley 1/2023, de 10 de enero, de medidas urgentes en materia de incentivos a la contratación laboral y mejora de la protección social de las personas artistas.**

    Promueve el empleo estable a través de incentivos como pequeñas contribuciones a la seguridad social o subsidios gubernamentales y también la obligación de mantener el puesto de trabajo durante tres años.

- **Artículo 11.3 del Real Decreto Legislativo 2/2015, de 23 de octubre, por el que se aprueba el texto refundido de la Ley del Estatuto de los Trabajadores.**

    En general, este Real Decreto abarca aspectos clave relacionados con las relaciones laborales en España, mientras que el artículo 11.3 se centra en el contrato formativo para la obtención de la práctica profesional adecuada al nivel de estudios.

- **Real Decreto-ley 16/2013, de 20 de diciembre, de medidas para favorecer la contratación estable y mejorar la empleabilidad de los trabajadores.**

    Establece medidas para favorecer la contratación estable y mejorar la empleabilidad de los trabajadores.

- **Real Decreto 170/2004, de 30 de enero, por el que se modifica el Real Decreto 1451/1983, de 11 de mayo, por el que en cumplimiento de lo previsto en la Ley 13/1982, de 7 de abril, se regula el empleo selectivo y las medidas de fomento del empleo de los trabajadores minusválidos.**

    Las modificaciones introducidas por el Real Decreto 170/2004 tienen como objetivo adaptar las normativas a las necesidades cambiantes y mejorar las condiciones laborales de las personas con discapacidad. Este tipo de decretos busca garantizar la igualdad de oportunidades en el ámbito laboral y fomentar la integración laboral de personas con discapacidad.

- **Ley 43/2006, de 29 de diciembre, para la mejora del crecimiento y del empleo.**

    Busca impulsar el desarrollo económico y la generación de empleo. Aprobada con el objetivo de mejorar la competitividad y el dinamismo del mercado laboral, la ley aborda diversas áreas. Algunos de los puntos clave incluyen medidas para fomentar la contratación indefinida, la flexibilidad en las relaciones laborales, el impulso a la formación y la adaptación de los trabajadores a las demandas del mercado, así como incentivos para las pequeñas y medianas empresas (pymes).

- **Real Decreto 278/2023, de 11 de abril por el que se establece el calendario de implantación del Sistema de Formación Profesional establecido por la Ley Orgánica 3/2022, de 31 de marzo, de ordenación e integración de la Formación Profesional.**

Presenta un calendario de cuatro años para adaptarse a:

⇨ Nuevas ofertas formativas.

⇨ Nuevo sistema de orientación profesional.

⇨ Proceso de certificación de competencias profesionales.

⇨ Eliminación gradual del plan de estudios existente.

⇨ Equivalencia de titulaciones, certificados y acreditaciones.

Supone un instrumento ágil y eficaz de la cualificación permanente, atendiendo a la transformación digital de todos los sectores.

Es necesario tener en cuenta que las comunidades autónomas pueden tener normativas específicas que complementen la legislación estatal.

1.1. Introducción

Actualmente, existen dos tipos de contratos formativos: los **contratos de formación en alternancia de trabajo y formación** (antiguos contratos de formación y aprendizaje) y los **contratos destinados a adquirir una práctica profesional** en función del nivel de estudios (antiguo contrato en prácticas).

Por un lado, los contratos de formación en alternancia combinan las actividades laborales reales con la formación que los empleados quisieran realizar. Por otro lado, tener un contrato de prácticas permite a profesionales altamente cualificados realizar prácticas en puestos adecuados a su nivel educativo.

1.2. Características e implicaciones para la empresa del contrato de formación en alternancia

El contrato de formación en alternancia es un tipo de contrato laboral diseñado para facilitar la inserción laboral de los jóvenes a través de la combinación de formación teórica y práctica.

Entró en vigor el 30 de marzo de 2022 dentro de la nueva categoría de contratos formativos aprobados por el Real Decreto Legislativo 32/2021, de 28 de diciembre, y posee las garantías del Sistema Nacional de Empleo y la transformación del trabajo efectivo.

Tal y como establece el artículo 11.2 del Estatuto de los Trabajadores este contrato *"tendrá por objeto compatibilizar la actividad laboral retribuida con los correspondientes procesos formativos en el ámbito de la formación profesional, los estudios universitarios o del Catálogo de especialidades formativas del Sistema Nacional de Empleo".*

Es decir, el empleado dispone de un contrato de trabajo y se le compensa con una remuneración salarial porque recibe formación dentro de un sistema de formación profesional para el empleo (certificados de profesionalidad) o de un sistema educativo (formación profesional o universidad).

Características

La siguiente tabla contiene algunas de las características más importantes de este tipo de contrato:

CARACTERÍSTICAS DEL CONTRATO DE FORMACIÓN EN ALTERNANCIA	
Normativa principal	Artículo 11.2 del Estatuto de los Trabajadores.
Destinatarios	Jóvenes de 16 a 30 años.
Duración	Desde 3 meses hasta 2 años.
Inscripción en el SEPE	El trabajador debe estar inscrito en el SEPE como demandante de empleo.
Estudios	Personas que carezcan de la cualificación profesional para la que se celebra el contrato formativo.
Tiempo de trabajo efectivo	Primer año: hasta 65% de jornada.
	Segundo año: hasta 85% de jornada.
	En ausencia de convenio, jornada máxima anual de 1.826 horas y 27 minutos, tomando como referencia una sentencia del Tribunal Supremo.
Contratación	Alta inmediata en la Seguridad Social.
Modalidad formativa	Posibilidad de formación 100% online, para lo cual se debe poseer conexión a internet al igual que habilidades informáticas mínimas.

CARACTERÍSTICAS DEL CONTRATO DE FORMACIÓN EN ALTERNANCIA	
Compromiso	El trabajador debe estar comprometido a realizar el contrato formativo.
Salario	Se cobra como mínimo el SMI proporcionalmente al tiempo real de trabajo. En 2023 el SMI es de 1.080€ en 14 pagas o 1.260€ en 12 pagas.
Formación oficial	Se trata de formación oficial acreditada por el SEPE.
Periodo de prueba	No existe.
Indemnización	El empleado no tiene derecho a indemnización al finalizar el contrato.
Aplicación IRPF	Retención del 2% sobre base imponible durante el primer año.
Vacaciones	Sí, igual que en el resto de contratos.

Veamos cada una de estas características con más detalle:

1. **Normativa principal:** según el artículo 11.2 del Estatuto de los Trabajadores, los contratos de formación en alternancia tienen como objetivo vincular el trabajo remunerado con la formación profesional, la formación en instituciones de educación superior o el catálogo de competencias del sistema nacional de formación de personal.

   Este contrato de formación también determina los procedimientos del convenio colectivo aplicable. Así, el horario de trabajo real y el empleo deben estar directamente relacionados con las actividades educativas subyacentes a la celebración de un contrato para la obtención de una cualificación profesional.

2. **Destinatarios:** este contrato está dirigido principalmente a jóvenes de entre 16 y 30 años. Si se emplea a una persona discapacitada, no se aplica la indemnización máxima pagadera.

3. **Duración:** la duración del contrato de formación en alternancia suele oscilar desde 3 meses hasta un máximo de 2 años.

4. **Inscripción en el SEPE:** el trabajador debe estar inscrito en el Servicio Público de Empleo Estatal (SEPE) como demandante de empleo para que la empresa se pueda beneficiar de las bonificaciones.

5. **Estudios:** este tipo de contrato está destinado a personas sin una cualificación profesional reconocida que estén en posesión del título o certificado necesario para celebrar un contrato de formación para una experiencia profesional.

   Por lo tanto, los solicitantes pueden tener otras calificaciones académicas además de las propias de la institución en la que son admitidos.

6. **Tiempo de trabajo efectivo:** este tipo de contrato puede ser a tiempo completo o parcial dependiendo de los términos según el artículo 12.2 del ET y el artículo 8.1 RD 1529/2012. Además, la jornada laboral real en el primer año no puede exceder el 65% de las jornadas máximas especificadas en el contrato y el 85% en el segundo año.

   A falta de convenio colectivo, la ley fija generalmente la jornada máxima anual de trabajo en 1.826 horas y 27 minutos, las cuales vienen siendo las 40 horas semanales que exige el Estatuto de los Trabajadores.

7. **Contratación:** después de la reforma laboral, se puede contratar inmediatamente con solo dar de alta en la seguridad social.

8. **Modalidad formativa:** los empleados pueden realizar la formación 100% online.

9. **Compromiso:** el empleado debe mostrar compromiso a la hora de efectuar el contrato de formación.

10. **Salario:** el salario mínimo abonado será el fijado en el convenio colectivo para este tipo de contrato y no deberá ser inferior al SMI establecido para 2023 (1.080€ en 14 pagas o de 1.260€ en 12 pagas).

11. **Formación oficial:** la formación proporcionada a través de este contrato formativo está acreditada por el Servicio Público Estatal de Empleo (SEPE).

12. **Periodo de prueba:** tras la reforma laboral no hay periodo de prueba. Además, si un empleado continúa trabajando para la empresa después de la celebración del contrato de formación, el periodo de prueba no es negociable y el periodo del contrato de formación se considerará a efectos de antigüedad.

13. **Indemnización:** el trabajador no tiene derecho a indemnización en la finalización del contrato.

14. **Aplicación IRPF:** los empleados deben tener en cuenta que solo se realizará una contribución del 2% a su base imponible durante el primer año de empleo.

15. **Vacaciones:** como ocurre con cualquier otro tipo de contrato, los empleados con contrato profesional tienen derecho a vacaciones.

Implicaciones para la Empresa

1. **Incentivos económicos:** las empresas que contratan a trabajadores bajo la modalidad de contrato de formación pueden beneficiarse de ciertos incentivos económicos.

   De esta forma, se benefician de bonificaciones del 75% al 100% en cuotas de la Seguridad Social. También pueden conseguir un 100% de descuento en formación teórica y un descuento adicional de hasta 80€ por tutorización.

2. **Renovación del talento:** este tipo de contrato permite a las empresas formar y retener talento joven, adaptándolo a las necesidades específicas de la empresa.

3. **Compromiso formativo:** la empresa asume un compromiso formativo al proporcionar la formación práctica necesaria para el desarrollo del trabajador. Esto puede ser beneficioso a largo plazo al contar con empleados bien formados y adaptados a las necesidades específicas de la empresa.

4. **Obligaciones legales:** las empresas deben cumplir con las obligaciones legales establecidas en el marco del contrato de formación en alternancia, garantizando la formación teórica, las condiciones laborales y los derechos del trabajador.

5. **Flexibilidad laboral:** la empresa debe ser flexible en cuanto a la organización de la jornada laboral para permitir la formación teórica del trabajador.

1.3. Objeto e implicaciones para la empresa del contrato formativo para la obtención de la práctica profesional

Tal y como establece el artículo 11.3 del Estatuto de los Trabajadores este contrato *"tendrá por objeto la obtención de la práctica profesional adecuada al nivel de estudios o de formación objeto del contrato, mediante la adquisición de las habilidades y capacidades necesarias para el desarrollo de la actividad laboral correspondiente al título obtenido por la persona trabajadora con carácter previo"*.

Así pues, se trata de un tipo de contrato laboral que tiene como objetivo facilitar la adquisición de experiencia profesional a aquellas personas que han finalizado sus estudios y desean incorporarse al mercado laboral.

Características

En la siguiente tabla se resumen las características más importantes de este tipo de contrato:

CARACTERÍSTICAS DEL CONTRATO FORMATIVO PARA LA OBTENCIÓN DE PRÁCTICA PROFESIONAL	
Normativa principal	Artículo 11.3 del Estatuto de los Trabajadores.
Destinatarios	Recién titulados que buscan adquirir experiencia y especializarse en su campo laboral.
Duración	Desde 6 meses hasta 1 año.
Tiempo de trabajo efectivo	Primer año: hasta 65% de jornada.
	Segundo año: hasta 85% de jornada.
	En ausencia de convenio, jornada máxima anual de 1.826 horas y 27 minutos, tomando como referencia una sentencia del Tribunal Supremo.
Salario	Se cobra como mínimo el SMI proporcionalmente al tiempo real de trabajo. En 2023 el SMI es de 1.080€ en 14 pagas o 1.260€ en 12 pagas.
Periodo de prueba	1 mes máximo
Indemnización	El empleado no tiene derecho a indemnización al finalizar el contrato.
Aplicación IRPF	Retención del 2% sobre base imponible durante el primer año.
Vacaciones	Sí, igual que en el resto de contratos.

Analicemos cada uno de estos aspectos con más detalle:

1. **Normativa principal:** según el artículo 11.3 del Estatuto de los Trabajadores, el objeto del contrato es la obtención de una experiencia profesional equivalente al nivel de educación o formación previsto en el contrato.

2. **Destinatarios:** este contrato está destinado a personas que posean un título universitario o de formación profesional de grado medio o superior.

3. **Duración:** la duración de este contrato suele oscilar desde 6 meses hasta un máximo de 1 año.

4. **Tiempo de trabajo efectivo:** el trabajo debe estar estrechamente relacionado con las actividades de aprendizaje.

   En el primer año, el tiempo de trabajo real no debe exceder el 65% y en el segundo año no debe exceder el 85%.

Se aplica la jornada laboral más larga especificada en el convenio colectivo de trabajo; en caso contrario, se aplica la jornada laboral más larga prevista por la ley; generalmente, la jornada máxima anual de trabajo se fija en 1.826 horas y 27 minutos, las cuales vienen siendo las 40 horas semanales que exige el Estatuto de los Trabajadores.

5. **Salario:** la retribución del tiempo de trabajo se define en el convenio colectivo de trabajo aplicable a la empresa dentro de este tipo de contrato y, en su defecto, se establece en función del nivel salarial correspondiente a las funciones desempeñadas en el grupo de especialistas.

   El salario no deberá ser inferior al nivel mínimo establecido para los contratos de formación en alternancia ni a la cuantía mínima del salario interprofesional proporcional a la jornada efectiva de trabajo, teniendo en cuenta que el SMI establecido para 2023 es de 1.080€ en 14 pagas o de 1.260€ en 12 pagas.

6. **Periodo de prueba:** salvo que se estipule lo contrario en el convenio colectivo de trabajo (artículo 11.3.e del Estatuto del Trabajador), se podrá acordar que el periodo de prueba no sea superior a un mes.

7. **Indemnización:** el trabajador no tiene derecho a indemnización en la finalización del contrato.

8. **Aplicación IRPF:** los empleados deben tener en cuenta que solo se realizará una contribución del 2% a su base imponible durante el primer año de empleo.

9. **Vacaciones:** como ocurre con cualquier otro tipo de contrato, los empleados con contrato profesional tienen derecho a vacaciones.

Implicaciones para la empresa

Es importante que tanto la empresa como el trabajador en prácticas conozcan y cumplan con las condiciones establecidas en el contrato formativo para garantizar una relación laboral justa y beneficiosa para ambas partes.

Algunas de las ventajas que presenta esta clase de contrato para la empresa son las siguientes:

1. **Compromiso formativo:** la empresa asume un compromiso formativo al proporcionar al trabajador en prácticas la oportunidad de adquirir experiencia en su campo de estudio. Esto implica dedicar recursos y tiempo a la formación del empleado.

2. **Beneficios fiscales:** algunas empresas pueden beneficiarse de reducciones en las cotizaciones sociales al contratar a trabajadores en prácticas, lo que puede representar un ahorro financiero.

3. **Posibilidad de contratación:** este contrato formativo puede ser una vía para que la empresa evalúe el desempeño del trabajador y, en caso de satisfacción mutua, se plantee una contratación a largo plazo al finalizar el periodo de prácticas.

4. **Imagen y responsabilidad social:** participar en la formación de nuevos profesionales puede mejorar la imagen de la empresa y contribuir a su responsabilidad social corporativa.

1.4. Características e implicaciones de las prácticas en empresas no vinculadas a un contrato de trabajo

A diferencia de los contratos vistos hasta ahora, que son considerados como prácticas laborales, también existen otras prácticas en empresas no vinculadas a un contrato de trabajo que se califican como prácticas no laborales.

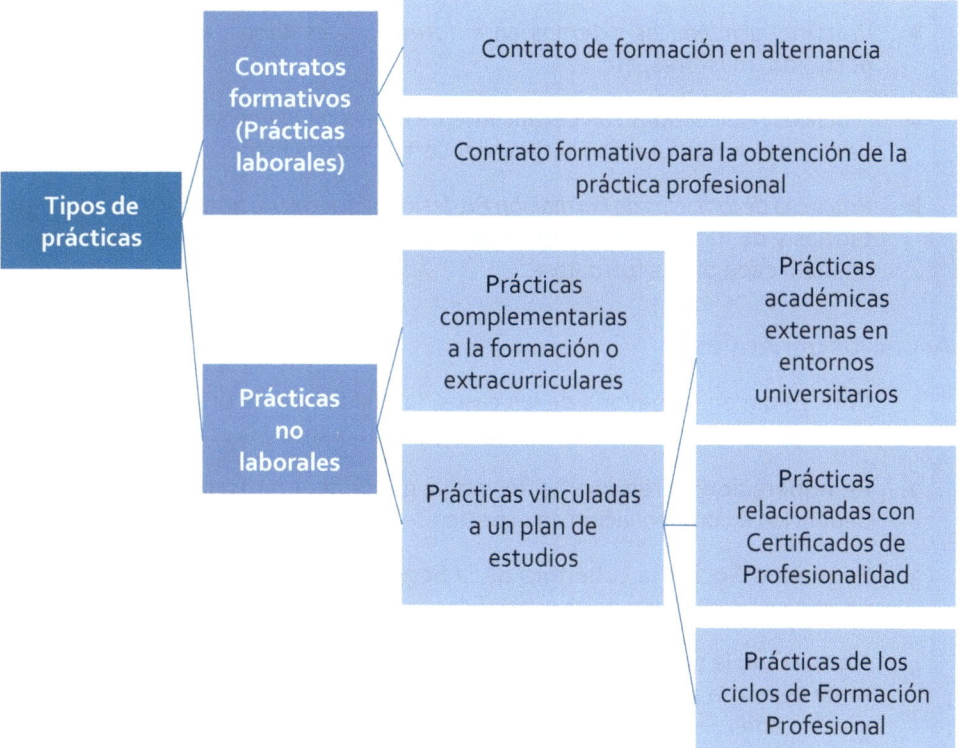

Características

Las **prácticas no laborales**, donde el objetivo es que la persona en prácticas complete sus estudios sin tener ningún tipo de relación laboral con la empresa, se pueden dividir en dos grupos: prácticas complementarias a la formación y prácticas vinculadas a un plan de estudios.

Las **complementarias a la formación o extracurriculares** son aquellas que se ofrecen fuera del plan de estudios. Por lo tanto, aunque la admisión es obligatoria en la mayoría de los casos, debería ser "opcional" para los estudiantes que desean una educación práctica.

Mientras que las **vinculadas a un plan de estudios** son actividades académicas que se incluyen en el plan de estudios y generalmente son necesarias para obtener un título.

Aquí podemos encontrar:

▶ *Prácticas académicas externas en entornos universitarios:* estudios de grado, posgrado, másteres, etc.

▶ *Prácticas relacionadas con Certificados de Profesionalidad:* se efectúan al terminar todos los módulos formativos del Certificado de Profesionalidad.

▶ *Prácticas de los ciclos de Formación Profesional:* foco en la adquisición de competencias y de habilidades profesionales relevantes para la profesión correspondiente a cada oferta formativa.

Aspectos generales

1. **Convenios:** en la mayoría de los casos, la realización de prácticas requiere un convenio entre la institución educativa, el estudiante y la empresa.

2. **Remuneración:** la remuneración varía y puede ser una asignación económica, beneficios o compensación en especie.

3. **Seguridad Social:** la cobertura de la Seguridad Social dependerá del tipo de práctica y las circunstancias específicas.

4. **Normativa:** la normativa laboral y educativa regula estas prácticas y es importante revisarla para conocer los derechos y obligaciones de todas las partes involucradas.

Es crucial que tanto estudiantes como empresas se informen sobre la normativa vigente y establezcan acuerdos claros para evitar posibles malentendidos y asegurar una experiencia beneficiosa para ambas partes.

Ejemplos prácticos: se indica, en ambos casos, de qué tipo de contrato se trata.

a) Juan es un recién graduado en Ingeniería Informática que ha sido seleccionado para realizar prácticas en una empresa de desarrollo de software. Así, Juan se inscribe en un programa de formación académica específico para Ingeniería de Software en una universidad local. Este programa incluye cursos sobre programación avanzada, desarrollo de aplicaciones, metodologías ágiles, y otros temas relevantes para la industria de TI.

Juan también asiste a clases teóricas durante ciertos días de la semana, lo que le permite adquirir conocimientos teóricos actualizados y especializados.

Durante los días restantes de la semana, Juan trabaja en las instalaciones de la empresa, donde se le asignan tareas y proyectos reales para aplicar los conocimientos adquiridos en la formación teórica.

Juan trabaja directamente con el equipo de desarrollo de software de la empresa, participando en el diseño, la codificación y las pruebas de software. Su trabajo práctico está supervisado por un mentor asignado, un ingeniero senior que le brinda orientación y apoyo.

Solución:

Es un contrato de formación en alternancia porque la empresa busca desarrollar talento interno y ofrecer a los jóvenes profesionales la oportunidad de combinar la teoría académica con la experiencia práctica en el entorno laboral.

Este contrato beneficia tanto al empleado como a la empresa, proporcionando una combinación equilibrada de teoría y práctica para el desarrollo profesional de Juan en el campo de la tecnología de la información.

De esta forma, Juan obtiene simultáneamente una formación académica de calidad y experiencia laboral práctica, lo que mejora significativamente sus perspectivas profesionales.

Y la empresa se beneficia al desarrollar talento interno, reduciendo el tiempo necesario para integrar a nuevos empleados y asegurando que Juan adquiera habilidades específicas que se alinean con las necesidades de la empresa.

b) Javier es un recién graduado en Ingeniería de Software que ha mostrado un gran interés en el desarrollo de aplicaciones móviles. Después de enviar su currículum a varias empresas del sector, recibe una oferta de empleo de una empresa especializada en el desarrollo de aplicaciones móviles.

El contrato tiene una duración de 12 meses, durante los cuales Javier se sumergirá en el entorno de trabajo de esa empresa y participará en el desarrollo de proyectos específicos.

Aunque no hay un programa formal de formación teórica, Javier trabajará directamente en proyectos bajo la supervisión de un mentor experimentado que le proporcionará orientación y apoyo para desarrollar sus habilidades prácticas.

A lo largo del contrato, Javier tendrá la oportunidad de rotar por diferentes equipos dentro de la empresa, lo que le permitirá obtener una comprensión más completa de los distintos aspectos del desarrollo de aplicaciones móviles, tales como el diseño, la programación, la calidad del software y las pruebas.

Al finalizar el contrato, si Javier ha demostrado un rendimiento excepcional y ha alcanzado los objetivos establecidos, la empresa podría ofrecerle un puesto de trabajo permanente.

Solución:

Es un contrato formativo para la obtención de la práctica profesional. El objetivo es brindarle a Javier la oportunidad de adquirir experiencia práctica en el desarrollo de aplicaciones móviles mientras trabaja en proyectos reales.

A través de la mentoría y la rotación en equipos, Javier puede desarrollar habilidades específicas y obtener una comprensión integral del sector.

Si tiene un desempeño destacado, Javier podría obtener un puesto permanente al finalizar el contrato, convirtiéndose en un activo a largo plazo para la empresa.

2. Comprensión de los elementos claves en el proceso de tutorización de la formación vinculado a contratos formativos y prácticas no laborales en empresas

El proceso de tutorización en la formación vinculada a contratos formativos (prácticas laborales) y prácticas no laborales en empresas es fundamental para el desarrollo y aprendizaje de los participantes.

Algunos elementos clave en este proceso son:

1. **Definición de objetivos de aprendizaje**

    ▶ Establecer metas y objetivos claros para el aprendizaje del participante durante el periodo de formación.

    ▶ Alinear estos objetivos con los requisitos del programa de formación y las necesidades de la empresa.

2. **Selección de tutores**

▶ Designar tutores con experiencia y habilidades relevantes en el área de formación.

▶ Asegurarse de que los tutores estén comprometidos con el proceso de enseñanza y el desarrollo del aprendiz.

3. **Planificación del proceso de tutorización**

▶ Desarrollar un plan de tutorización que incluya el cronograma de actividades, reuniones regulares y evaluaciones.

▶ Considerar la estructura y contenido de la formación, así como la asignación de tareas y responsabilidades específicas.

4. **Orientación inicial**

▶ Proporcionar una introducción detallada sobre los objetivos de la formación y las expectativas.

▶ Explicar las responsabilidades y roles tanto del tutor como del participante.

5. **Seguimiento y retroalimentación continua**

▶ Realizar seguimientos periódicos para evaluar el progreso del aprendiz y ajustar el plan de tutorización según sea necesario.

▶ Proporcionar retroalimentación constructiva sobre el desempeño, identificando áreas de mejora y fortalezas.

6. **Apoyo en el desarrollo de habilidades prácticas**

▶ Facilitar oportunidades para que el participante aplique y desarrolle habilidades prácticas relevantes para su formación.

▶ Brindar orientación específica sobre tareas y proyectos relacionados con la formación.

7. **Resolución de problemas**

▶ Establecer un sistema efectivo para abordar cualquier problema o desafío que pueda surgir durante el periodo de formación.

▶ Fomentar la comunicación abierta y proporcionar recursos para superar obstáculos.

8. **Evaluación y certificación**

▶ Implementar mecanismos de evaluación para medir el progreso y el logro de los objetivos de aprendizaje.

▶ Emitir certificaciones o informes de desempeño al finalizar con éxito la formación.

9. **Comunicación efectiva**

▶ Establecer canales de comunicación abiertos y efectivos entre el tutor, el participante y la empresa.

▶ Asegurarse de que haya una comprensión clara de las expectativas y que se aborde cualquier problema de manera oportuna.

10. **Adaptabilidad y flexibilidad**

▶ Ser flexible y adaptarse a las necesidades cambiantes del participante y del entorno laboral.

▶ Ajustar el plan de tutorización según la evolución de las habilidades y metas del aprendiz.

Estos elementos clave contribuyen a un proceso de tutorización efectivo que maximiza el beneficio tanto para el participante como para la empresa, asegurando un aprendizaje significativo y una transición exitosa a la vida laboral.

2.1. Identificación de los ámbitos de colaboración existente entre tutorización del centro formativo y de la empresa

La colaboración entre el centro formativo y la empresa es fundamental para proporcionar una educación efectiva y relevante que prepare a los estudiantes para el mundo laboral. Algunos **ámbitos de colaboración comunes entre la tutorización del centro formativo y la empresa** son los siguientes:

Profundicemos en cada uno de ellos:

1. **Diseño del plan de estudios**

   ▶ **Centro formativo:** desarrolla programas de estudio que cubren los fundamentos teóricos y prácticos.

   ▶ **Empresa:** proporciona información sobre las habilidades y conocimientos específicos que son relevantes para la industria, asegurando que el plan de estudios esté alineado con las necesidades del mercado laboral.

2. **Prácticas**

   ▶ **Centro formativo:** facilita oportunidades de prácticas para que los estudiantes adquieran experiencia práctica.

   ▶ **Empresa:** ofrece prácticas, permitiendo a los estudiantes aplicar lo aprendido en un entorno laboral real y desarrollar habilidades específicas del sector.

3. **Mentoría y tutorización**

   ▶ **Centro formativo:** proporciona orientación académica y apoyo a los estudiantes durante su formación.

   ▶ **Empresa:** ofrece mentores en el lugar de trabajo que pueden guiar a los estudiantes, compartir experiencias y proporcionar conocimientos prácticos.

4. **Actualización de contenidos**

   ▶ **Centro formativo:** mantiene los programas actualizados con los avances en la teoría y la práctica.

   ▶ **Empresa:** proporciona información sobre las últimas tendencias, tecnologías y cambios en el campo, garantizando que los estudiantes estén al tanto de las demandas del mercado laboral.

5. **Evaluación del rendimiento**

   ▶ **Centro formativo:** evalúa el progreso académico de los estudiantes y su preparación para el empleo.

   ▶ **Empresa:** participa en la evaluación de habilidades prácticas y competencias laborales, proporcionando retroalimentación sobre la preparación de los estudiantes para el trabajo.

6. **Eventos y conferencias conjuntas**

   ▶ **Centro formativo:** organiza eventos donde los estudiantes pueden interactuar con profesionales del sector.

> ▶ **Empresa:** participa en conferencias, charlas y eventos para compartir conocimientos y establecer conexiones con los estudiantes.

7. **Desarrollo profesional continuo**

> ▶ **Centro formativo:** ofrece oportunidades para el desarrollo profesional continuo de los profesores.

> ▶ **Empresa:** colabora en programas de desarrollo profesional para garantizar que los educadores estén actualizados sobre las demandas actuales de la industria.

La colaboración efectiva entre el centro formativo y la empresa beneficia tanto a los estudiantes como a las organizaciones, asegurando que la educación sea relevante, actualizada y preparatoria para el mundo laboral.

3. Aproximación al sector productivo en el que se desarrolla la actividad de la empresa

En general, las empresas del sector formativo suelen abordar la formación de las siguientes maneras:

1 Formación interna

2 Colaboración con instituciones educativas

3 Participación en programas de desarrollo profesional externos

4 Uso de tecnologías emergentes

5 Personalización de la formación

6 Evaluación continua

Formas de abordar la formación que usan las empresas del sector formativo

Examinemos cada una de estas formas:

1. **Formación interna**

   - Desarrollo de programas de formación internos para empleados.

   - Implementación de plataformas de aprendizaje en línea o sistemas de gestión del aprendizaje (LMS) para facilitar la capacitación.

   - Asignación de mentores o entrenadores internos.

2. **Colaboración con instituciones educativas**

   - Establecimiento de asociaciones con universidades, colegios o instituciones de formación profesional para proporcionar programas educativos.

   - Ofrecimiento de programas de aprendizaje en colaboración con instituciones educativas.

3. **Participación en programas de desarrollo profesional externos**

   - Incentivos para que los empleados participen en programas de desarrollo profesional ofrecidos por organizaciones externas o en conferencias relevantes.

   - Patrocinio de eventos o conferencias educativas relacionadas con su sector.

4. **Uso de tecnologías emergentes**

   - Implementación de tecnologías como realidad virtual (RV) o realidad aumentada (RA) para mejorar la experiencia de aprendizaje.

- Adopción de plataformas en línea para cursos masivos abiertos en línea (MOOC) o cursos especializados.

5. **Personalización de la formación**

- Adaptación de programas de formación para satisfacer las necesidades específicas de la empresa y de los empleados.

- Seguimiento del progreso individual y proporcionar retroalimentación personalizada.

6. **Evaluación continua**

- Implementación de sistemas de evaluación para medir la efectividad de los programas de formación.

- Ajuste constante de los programas según los resultados y las necesidades cambiantes.

3.1. Tendencias del mercado laboral en el sector

Algunas tendencias incluyen:

1. **Aprendizaje en línea y formación digital:** la pandemia de COVID-19 aceleró la adopción de la formación online. Así, plataformas educativas y empresas de tecnología educativa han experimentado un aumento en la demanda de cursos online y herramientas de aprendizaje digital.

2. **Habilidades digitales:** con la creciente digitalización de diversos sectores, hay una demanda creciente de profesionales con habilidades digitales (TIC). Esto incluye no solo la capacidad de usar herramientas digitales, sino también la capacidad de enseñar y capacitar a otros en estas habilidades.

3. **Desarrollo de habilidades blandas:** las habilidades blandas (*soft skills*), como la comunicación efectiva, la resolución de problemas y el trabajo en equipo, son cada vez más valoradas por los empleadores. La formación que se centra en el desarrollo de estas habilidades sigue siendo relevante.

4. **Formación continua y actualización de habilidades:** la rápida evolución de la tecnología y las cambiantes demandas del mercado laboral hacen que la formación continua y la actualización de habilidades sean esenciales. Los profesionales buscan oportunidades para mantenerse al día con las últimas tendencias y tecnologías.

5. **Enfoque en la diversidad, equidad e inclusión (DEI):** las organizaciones están prestando más atención a la diversidad en el lugar de trabajo y la formación en DEI se ha vuelto crucial para fomentar entornos laborales inclusivos.

6. **Modelos de formación híbridos:** la combinación de la formación online y presencial en modelos híbridos se ha vuelto más común, brindando flexibilidad a los estudiantes y profesionales.

7. **Gamificación y realidad virtual:** la gamificación y el uso de la realidad virtual en la formación ofrecen experiencias de aprendizaje más inmersivas y atractivas.

   Ejemplo: Kahoot! es una plataforma de aprendizaje basada en juegos que se utiliza como herramienta educativa en aulas, reuniones y eventos. Los "kahoots" consisten en una serie de preguntas de opción múltiple que se presentan en una pantalla y los participantes responden utilizando sus dispositivos, como teléfonos móviles, tabletas u ordenadores. Puede ser utilizado para repasar material de estudio, evaluar el progreso del aprendizaje, fomentar la participación y mejorar la retención de información a través de la gamificación del proceso de aprendizaje.

8. **Sostenibilidad y responsabilidad social:** existe un interés creciente en la formación que aborde temas de sostenibilidad y responsabilidad social, reflejando la conciencia global sobre estas cuestiones.

9. **Microaprendizaje:** la tendencia hacia lecciones más cortas y contenido modular facilita el aprendizaje continuo. Los profesionales pueden participar en cursos más breves y específicos para adquirir habilidades específicas, lo que se ajusta mejor a sus horarios ocupados.

   Ejemplo: píldoras formativas. Se trata de pequeñas unidades de información diseñadas para transmitir conocimientos específicos de manera rápida y efectiva. Estas pueden presentarse en diversos formatos, como vídeos cortos, documentos, presentaciones o incluso actividades interactivas, con el objetivo de facilitar el aprendizaje y la asimilación de conceptos clave en un corto periodo de tiempo.

3.2. Actividades productivas más significativas

El sector formativo o educativo engloba una amplia variedad de actividades productivas que contribuyen al desarrollo y difusión del conocimiento. Algunas de las **actividades más significativas en este sector** son:

1 Educación formal

2 Educación no formal

3 Investigación educativa

4 Desarrollo de contenidos educativos

5 Tecnología educativa

6 Servicios de consultoría educativa

7 Gestión educativa

8 Servicios de capacitación empresarial

Indaguemos en cada una de ellas:

1. **Educación formal**

   ▶ *Educación Básica (Preescolar, Primaria y Secundaria):* instituciones dedicadas a la formación académica de niños y adolescentes.

   ▶ *Educación Superior (Universidades y Escuelas Técnicas):* ofrecen programas de grado y posgrado en diversas disciplinas.

2. **Educación no formal**

   ▶ *Cursos y talleres:* organizaciones que proporcionan formación en habilidades específicas, como idiomas, informática, artes, etc.

   ▶ *Educación continua:* programas diseñados para adultos que desean mejorar sus habilidades o adquirir nuevas competencias profesionales.

3. **Investigación educativa**

   ▶ *Centros de investigación:* instituciones dedicadas a la investigación en educación, contribuyendo al avance del conocimiento pedagógico y didáctico.

4. **Desarrollo de contenidos educativos**

   ▶ *Editoriales educativas:* creación y distribución de libros de texto y materiales educativos.

   ▶ *Plataformas digitales educativas:* desarrollo de contenido educativo online, incluyendo cursos, vídeos y recursos interactivos.

5. **Tecnología educativa**

   ▶ *Desarrollo de software educativo:* creación de aplicaciones y herramientas digitales destinadas a mejorar la experiencia de aprendizaje.

   ▶ *Integración de tecnología en la educación:* implementación de tecnologías como pizarras electrónicas, plataformas online y dispositivos móviles en entornos educativos.

6. **Servicios de consultoría educativa**

▶ *Asesoramiento pedagógico:* consultorías que ofrecen orientación a instituciones educativas sobre mejores prácticas pedagógicas.

▶ *Evaluación educativa:* organizaciones que realizan evaluaciones y mediciones de rendimiento estudiantil y de programas educativos.

7. **Gestión educativa**

▶ *Administración escolar:* actividades relacionadas con la gestión de instituciones educativas, incluyendo aspectos administrativos, financieros y de recursos humanos.

8. **Servicios de capacitación empresarial**

▶ *Programas de formación corporativa:* ofrecen capacitación a empleados en habilidades específicas relacionadas con sus funciones laborales.

Estas actividades son esenciales para el desarrollo integral de las personas y la sociedad en general, ya que la educación desempeña un papel fundamental en la formación de individuos y en el progreso de las comunidades.

3.3. Tipología de las empresas representativas del sector

La tipología de empresas en el sector formativo puede variar según diversos criterios, como su tamaño, ámbito de actuación, modalidad de formación ofrecida, etc.

Una descripción general de algunos tipos de empresas representativas en el sector formativo es la siguiente:

1. **Instituciones educativas tradicionales**

• Universidades, colegios y escuelas que ofrecen programas educativos formales, desde niveles preescolares hasta educación superior.

2. **Centros de formación profesional**

• Ofrecen formación técnica y profesional en áreas específicas, preparando a los estudiantes para acceder al mercado laboral.

3. **Empresas de capacitación corporativa**

• Brindan servicios de formación y desarrollo para empleados de empresas. Pueden ofrecer programas de capacitación adaptados a las necesidades específicas de la empresa.

4. Plataformas de formación online (e-Learning)

    • Empresas que proporcionan cursos online y plataformas de aprendizaje digital. Pueden abarcar una amplia variedad de temas y niveles de habilidad.

5. **Consultoras de Recursos Humanos**

    • Ofrecen servicios de formación y desarrollo de habilidades para mejorar la fuerza laboral de las empresas clientes.

6. **Editoriales educativas**

    • Desarrollan y publican materiales educativos, incluyendo libros de texto, módulos de aprendizaje online y recursos didácticos.

7. *Startups* educativas

    • Empresas emergentes que innovan en el ámbito educativo, utilizando tecnologías nuevas y enfoques pedagógicos innovadores.

8. **Empresas de certificación y evaluación**

- Se centran en la evaluación y certificación de habilidades y competencias, proporcionando, a menudo, exámenes y pruebas estandarizadas.

9. **Organizaciones sin fines de lucro**

- Fundaciones y organizaciones que buscan promover la educación y proporcionar acceso a la formación en comunidades desfavorecidas.

10. **Empresas de idiomas y formación cultural**

- Especializadas en la enseñanza de idiomas y en la formación intercultural.

Es importante destacar que estas categorías no son mutuamente excluyentes, y algunas empresas pueden pertenecer a más de una categoría. Además, el sector formativo está en constante evolución, con la aparición de nuevas formas de enseñanza y aprendizaje.

4. Definición de perfil profesional de la persona tutora. Funciones y responsabilidades

En general, un tutor es alguien que brinda orientación, apoyo y asesoramiento a individuos en áreas específicas, ya sea en el ámbito educativo, laboral o personal.

Adell (2009) afirma que *"el tutor es una pieza clave para el desarrollo personal y de progreso del alumnado"*. Es así como la tutoría es el primer referente en orientación que tiene el alumnado. "En la actualidad estamos asistiendo a un reconocimiento social de la orientación y del papel del orientador sin precedentes" (Sánchez, 2010).

"El tutor es la persona que acompaña en el crecimiento a cada uno de sus alumnos, que lo orienta y lo modela para sacar lo mejor de sí mismo a partir del liderazgo natural que el docente ejerce en el aula" (**Álvarez** *et al*, 2006). *"Los niños y los jóvenes no crecen solos, las personas evolucionan gracias a las experiencias que se van encontrando a lo largo de la vida, y a las reflexiones que les hacen las figuras importantes y significativas"* (Salem, 1990).

Algunas **funciones y responsabilidades comunes asociadas con el rol de tutor** son las siguientes:

1   Orientación académica

2   Desarrollo de habilidades

3   Apoyo emocional y motivacional

4   Asesoramiento personal y profesional

5   Seguimiento del progreso

6   Comunicación efectiva

7   Adaptabilidad y flexibilidad

8   Ética y confidencialidad

Abordemos cada una de ellas:

1. **Orientación académica**

   ⇨ Proporcionar apoyo académico a estudiantes en materias específicas.

   ⇨ Ayudar con la planificación y organización del estudio.

   ⇨ Facilitar estrategias de aprendizaje efectivas.

2. **Desarrollo de habilidades**

   ⇨ Identificar las fortalezas y debilidades del estudiante.

   ⇨ Desarrollar y mejorar habilidades de estudio, escritura, comunicación, etc.

   ⇨ Fomentar el pensamiento crítico y la resolución de problemas.

3. **Apoyo emocional y motivacional**

⇨ Brindar apoyo emocional y motivación.

⇨ Ayudar a superar barreras personales que puedan afectar el rendimiento académico o laboral.

⇨ Fomentar la confianza en sí mismo y la autoestima.

4. **Asesoramiento personal y profesional**

⇨ Proporcionar orientación en la toma de decisiones académicas y profesionales.

⇨ Ayudar a establecer metas a corto y largo plazo.

⇨ Facilitar el desarrollo de un plan de carrera.

5. **Seguimiento del progreso**

⇨ Monitorear el progreso académico o profesional del individuo.

⇨ Identificar y abordar posibles desafíos o problemas.

⇨ Colaborar con otros profesionales, como docentes o empleadores, según sea necesario.

6. **Comunicación efectiva**

⇨ Mantener una comunicación abierta y efectiva con el estudiante.

⇨ Colaborar con padres, docentes o empleadores según corresponda.

⇨ Proporcionar retroalimentación constructiva.

7. **Adaptabilidad y flexibilidad**

⇨ Adaptarse a las necesidades individuales de cada estudiante.

⇨ Ajustar estrategias de enseñanza o apoyo según sea necesario.

⇨ Mantenerse actualizado en las tendencias educativas o profesionales.

8. **Ética y confidencialidad**

⇨ Mantener altos estándares éticos.

⇨ Respetar la confidencialidad y la privacidad del estudiante.

Estas funciones y responsabilidades pueden variar según el contexto específico, ya sea que la tutoría se lleve a cabo en un entorno educativo, laboral o en otro contexto. Además, los tutores pueden trabajar con una variedad de personas, incluidos estudiantes, empleados, etc.

4.1. Identificación de los ámbitos de colaboración existente entre tutorización del centro formativo y de la empresa

La colaboración entre el centro formativo y la empresa es esencial para proporcionar a los estudiantes una experiencia educativa que esté alineada con las demandas del mercado laboral.

Algunos **ejemplos de ámbitos de colaboración comunes entre la tutorización del centro formativo y la empresa** son los siguientes:

Diseño del plan de estudios

Prácticas

Seminarios y conferencias

Proyectos conjuntos

Mentoría y asesoramiento

Actualización de contenidos

Evaluación conjunta

Eventos de networking

Analicemos detalladamente cada uno de ellos:

- **Diseño del plan de estudios**

  ▶ **Centro formativo**: desarrolla un plan de estudios que cubre los aspectos teóricos y prácticos de la disciplina.

  ▶ **Empresa**: proporciona información sobre las habilidades y conocimientos necesarios en el entorno laboral y ofrece comentarios sobre la relevancia y actualidad del plan de estudios.

- **Prácticas**

  ▶ **Centro formativo**: facilita programas de prácticas para que los estudiantes apliquen sus conocimientos en un entorno laboral real.

  ▶ **Empresa**: ofrece oportunidades de prácticas, proporciona mentores en el lugar de trabajo y retroalimenta sobre el desempeño de los estudiantes.

- **Seminarios y conferencias**

  ▶ **Centro formativo**: organiza eventos donde profesionales de la industria pueden compartir conocimientos y experiencias con los estudiantes.

  ▶ **Empresa**: contribuye con oradores invitados, comparte casos de estudio y participa en eventos educativos para establecer vínculos con estudiantes.

- **Proyectos conjuntos**

  ▶ **Centro formativo**: colabora con empresas para desarrollar proyectos prácticos que aborden problemas del mundo real.

▶ **Empresa**: proporciona proyectos reales para que los estudiantes trabajen en ellos, ofreciendo orientación y evaluación.

- **Mentoría y asesoramiento**

  ▶ **Centro formativo**: designa tutores académicos para brindar apoyo académico y orientación profesional.

  ▶ **Empresa**: facilita programas de mentoría donde profesionales de la empresa asesoran a estudiantes en aspectos relacionados con la carrera y el desarrollo personal.

- **Actualización de contenidos**

  ▶ **Centro formativo**: mantiene el plan de estudios actualizado con las últimas tendencias y avances en la industria.

  ▶ **Empresa**: proporciona información sobre cambios en la industria, nuevas tecnologías y habilidades requeridas, asegurando que los estudiantes estén al tanto de las demandas del mercado.

- **Evaluación conjunta**

  ▶ **Centro formativo**: trabaja con la empresa para desarrollar métodos de evaluación que reflejen las habilidades necesarias en el entorno laboral.

  ▶ **Empresa**: colabora en la evaluación de proyectos, prácticas y desempeño general de los estudiantes.

- **Eventos de *networking***

  ▶ **Centro formativo**: organiza eventos donde los estudiantes pueden interactuar con profesionales del sector.

  ▶ **Empresa**: participa en eventos de networking para establecer conexiones con estudiantes y explorar oportunidades de reclutamiento.

4.2. Evaluación y seguimiento de las actividades formativas

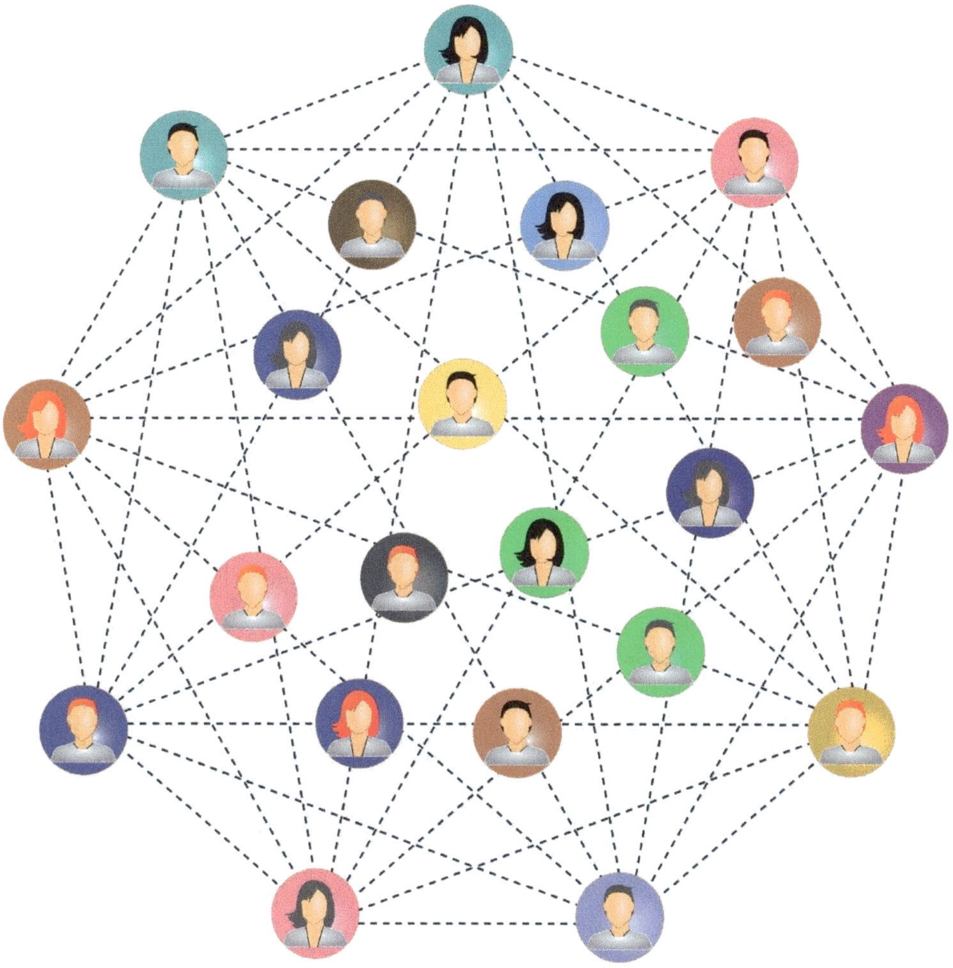

La evaluación y el seguimiento de las actividades formativas son componentes esenciales en cualquier proceso de aprendizaje. Estas prácticas permiten medir el progreso de los estudiantes, identificar áreas de mejora, ajustar las estrategias de enseñanza y asegurar que los objetivos de aprendizaje se cumplan de manera efectiva.

En la siguiente tabla se muestra información clave sobre la evaluación y el seguimiento de actividades formativas:

Evaluación y seguimiento de actividades formativas			
Evaluación de actividades formativas		Seguimiento de actividades formativas	
1. Tipos de evaluación	Formativa	1. Monitoreo continuo	Supervisar al estudiantado
	Sumativa		
2. Instrumentos de evaluación	Pruebas y exámenes	2. Análisis de datos	Usar datos de evaluación para identificar patrones y tendencias
	Proyectos		
	Participación en clase		
3. Retroalimentación	Retroalimentación inmediata	3. Adaptación de estrategias	Ajustar enseñanza según resultados de evaluación
4. Autoevaluación y coevaluación	Autorreflexión y desarrollo de habilidades metacognitivas	4. Comunicación con estudiantes	Mantener comunicación sobre progreso del estudiantado
		5. Evaluación formativa continua	Realizar evaluaciones a lo largo del curso

Profundicemos en cada uno de estos aspectos:

⇨ **Evaluación de actividades formativas**

1. **Tipos de evaluación**

   ▶ **Formativa:** se realiza durante el proceso de aprendizaje para proporcionar retroalimentación continua y mejorar el rendimiento.

   ▶ **Sumativa:** se lleva a cabo al final de un periodo determinado para medir el nivel de logro de los objetivos de aprendizaje.

2. **Instrumentos de evaluación**

   ▶ **Pruebas y exámenes:** preguntas escritas u orales para medir el conocimiento.

   ▶ **Proyectos:** trabajos prácticos que demuestran la aplicación de conocimientos.

▶ **Participación en clase:** evaluación de la interacción y contribución de los estudiantes en las discusiones.

3. **Retroalimentación**

▶ Proporcionar comentarios constructivos es crucial para el desarrollo del estudiante.

▶ Retroalimentación inmediata ayuda a corregir malentendidos y mejorar el aprendizaje.

4. **Autoevaluación y coevaluación**

▶ Permite que los estudiantes evalúen su propio desempeño y/o el de sus compañeros.

▶ Fomenta la autorreflexión y el desarrollo de habilidades metacognitivas.

⇨ **Seguimiento de Actividades Formativas**

1. **Monitoreo continuo**

▶ Supervisar regularmente el progreso de los estudiantes.

▶ Identificar posibles desafíos y brindar apoyo adicional cuando sea necesario.

2. **Análisis de datos**

   ▶ Utilizar datos recopilados durante la evaluación para identificar patrones y tendencias.

   ▶ Ayuda a tomar decisiones informadas sobre ajustes en la enseñanza.

3. **Adaptación de estrategias**

   ▶ Ajustar las metodologías de enseñanza según los resultados de la evaluación.

   ▶ Personalizar la instrucción para abordar las necesidades individuales de los estudiantes.

4. **Comunicación con estudiantes**

   ▶ Mantener una comunicación abierta sobre el progreso del estudiante.

5. **Evaluación formativa continua**

   ▶ Integrar evaluaciones formativas a lo largo del curso para realizar ajustes en tiempo real.

   ▶ Mejorar la retroalimentación para impulsar el aprendizaje activo y la participación.

La evaluación y seguimiento de las actividades formativas son procesos dinámicos que requieren flexibilidad y adaptabilidad. Al centrarse en la mejora continua, los educadores pueden crear un ambiente propicio para el éxito académico de los estudiantes.

4.3. *Feedback* y crítica constructiva

El *feedback* y la crítica constructiva son elementos fundamentales en el proceso de formación, ya que proporcionan información valiosa para el desarrollo y el aprendizaje de una persona.

Diferenciemos entre ambos conceptos:

1. *Feedback* (retroalimentación)

- El *feedback* es la información que se proporciona sobre el rendimiento o resultado de una acción con el objetivo de mejorar o ajustar futuras acciones.

- Diana Gómez define el *feedback* o retroalimentación como *"una estrategia de crítica constructiva que busca hacer evidentes los éxitos y desaciertos de una persona al realizar una labor específica. El feedback siempre debe ir acompañado de una evaluación coherente, bien sustentada y dirigida al crecimiento de las personas".*

- Proporciona a los estudiantes o participantes en un proceso formativo una comprensión clara de su desempeño. Puede ser positivo (reforzando comportamientos efectivos) o correctivo (señalando áreas de mejora).

- Características de un buen *feedback*:

  ⇨ Especificidad: tiene que ser claro y específico, destacando comportamientos concretos.

  ⇨ Oportunidad: se debe proporcionar en el momento adecuado para que sea más efectivo.

⇨ Constructivo: debería enfocarse en el comportamiento y no en la persona, ofreciendo sugerencias para mejorar.

⇨ Relevante: tiene que estar relacionado con los objetivos y metas del aprendizaje.

2. **Crítica constructiva**

- La crítica constructiva es un tipo de *feedback* que se centra en señalar áreas de mejora, pero lo hace de una manera positiva y orientada a soluciones.

- Su objetivo consiste en ayudar a la persona a comprender sus debilidades o áreas de desarrollo y ofrecer sugerencias o estrategias para mejorar.

- Cómo proporcionar crítica constructiva:

  ⇨ **Ser específico:** señalar aspectos concretos en lugar de críticas generales.

  ⇨ **Ser equilibrado:** destacar tanto lo positivo como lo que necesita mejora.

  ⇨ **Ofrecer soluciones:** proporcionar sugerencias prácticas para abordar las áreas de mejora.

  ⇨ **Ser respetuoso:** mantener un tono respetuoso y evitar críticas personales.

3. **Importancia en la formación**

- Tanto el *feedback* como la crítica constructiva son esenciales para el aprendizaje continuo y el desarrollo profesional.

- Ayudan a los individuos a comprender sus fortalezas y debilidades, facilitando un crecimiento más efectivo.

- Fomentan la autorreflexión y la toma de conciencia, elementos clave en el proceso de formación.

En resumen, tanto el *feedback* como la crítica constructiva desempeñan un papel crucial en la formación, ya que proporcionan información valiosa que contribuye al desarrollo y mejora continua de las habilidades y competencias de los individuos.

4.4. Motivación de la persona tutorizada

La motivación de una persona tutorizada en formación es un aspecto crucial para el éxito del proceso educativo. La motivación se refiere al impulso interno que dirige el comportamiento de una persona hacia el logro de metas o la satisfacción de necesidades. En el contexto de la formación, la motivación puede influir en el compromiso, la dedicación y la persistencia de la persona en el aprendizaje.

Algunos aspectos clave relacionados con la motivación en el contexto de la formación son los siguientes:

Veamos con profundidad cada uno de ellos:

▶ **Metas personales**

Las metas personales desempeñan un papel importante en la motivación. Cuando una persona tiene metas claras y significativas, es más probable que esté motivada para trabajar hacia su logro.

▶ **Relevancia y significado**

La motivación aumenta cuando la persona tutorizada percibe la relevancia y el significado de lo que está aprendiendo. La conexión entre el contenido del curso y sus objetivos personales o profesionales puede ser un fuerte impulsor motivacional.

▶ **Autonomía**

La sensación de autonomía y control sobre el propio proceso de aprendizaje también contribuye a la motivación. Permitir que la persona tutorizada tenga cierto grado de elección y autonomía en cómo aborda las tareas de aprendizaje puede aumentar su motivación.

▶ **Retroalimentación positiva**

La retroalimentación positiva y el reconocimiento de los logros pueden reforzar la motivación. Saber que están progresando y siendo reconocidos por sus esfuerzos puede tener un impacto significativo.

▶ **Apoyo social**

El apoyo social, ya sea de compañeros, tutores o mentores, puede influir en la motivación. Sentirse apoyado y conectado con otros en el proceso de aprendizaje puede ser motivador.

Desafíos adecuados

Las tareas y desafíos deben ser lo suficientemente desafiantes para estimular el interés y el esfuerzo, pero no tan difíciles como para generar frustración. Encontrar el equilibrio adecuado es esencial para mantener la motivación.

▶ **Interés intrínseco**

La motivación intrínseca, que proviene del interés natural en el tema, es especialmente poderosa. Fomentar la curiosidad y la pasión por el aprendizaje puede tener un impacto duradero en la motivación.

▶ **Entorno de aprendizaje positivo**

Un entorno de aprendizaje positivo y seguro favorece la motivación. Un clima que valora el esfuerzo, la participación y el aprendizaje como un proceso puede inspirar la motivación.

Al entender y abordar estos factores, los tutores pueden contribuir significativamente a mantener y aumentar la motivación de las personas en proceso de formación. La adaptación de enfoques y estrategias motivacionales según las necesidades individuales puede ser fundamental para el éxito a largo plazo.

4.5. Comprobación del cumplimiento de los protocolos de seguridad y prevención de riesgos laborales propios de la ocupación de la persona tutorizada

La comprobación del cumplimiento de los protocolos de seguridad y prevención de riesgos laborales es una parte crucial en cualquier entorno laboral, incluido el sector formativo.

Algunos aspectos que se deben llevar a cabo para tales fines son los siguientes:

Aspectos importantes en la comprobación del cumplimiento de los protocolos de seguridad y prevención de riesgos laborales propios de la ocupación de la persona tutorizada

Veamos cada uno de estos aspectos:

- **Normativas y regulaciones**

    Es fundamental conocer y cumplir con las normativas y regulaciones locales, nacionales e internacionales relacionadas con la seguridad y salud en el trabajo.

- **Evaluación de riesgos**

    Antes de comenzar cualquier actividad laboral, se debe realizar una evaluación de riesgos. Esto implica identificar y evaluar los posibles peligros asociados con las tareas a realizar. La evaluación de riesgos permite implementar medidas preventivas adecuadas.

- **Formación y concienciación**

  Los trabajadores, incluida la persona tutorizada en el sector formativo, deben recibir formación adecuada sobre los protocolos de seguridad y prevención de riesgos específicos de su ocupación. La conciencia sobre los riesgos y las medidas de seguridad es esencial.

- **Equipos de protección individual (EPI)**

  Asegurarse de que se proporcionen y utilicen los equipos de protección individual adecuados según las actividades laborales. Esto incluye elementos como cascos, guantes, gafas de seguridad, entre otros, dependiendo de la naturaleza del trabajo.

- **Inspecciones regulares**

  Realizar inspecciones periódicas para verificar el estado de las instalaciones, equipos y procedimientos. Esto ayuda a identificar posibles riesgos o deficiencias y tomar medidas correctivas de manera oportuna.

- **Registro y documentación**

  Mantener registros detallados de las medidas de seguridad implementadas, la formación proporcionada y las inspecciones realizadas. La documentación es esencial para demostrar el cumplimiento de los protocolos y puede ser requerida en auditorías o inspecciones.

- **Participación de los trabajadores**

  Fomentar la participación de los trabajadores en la identificación y gestión de riesgos. Los empleados suelen tener un conocimiento práctico valioso sobre las condiciones laborales y pueden ofrecer ideas para mejorar la seguridad.

- **Comunicación efectiva**

  Establecer canales de comunicación efectivos para informar a los trabajadores sobre cambios en los protocolos de seguridad, nuevas medidas preventivas o cualquier otra información relevante.

- **Auditorías y revisiones**

  Realizar auditorías regulares para evaluar la efectividad de los protocolos de seguridad y prevención de riesgos. Estas auditorías pueden ser realizadas por equipos internos o externos especializados.

- **Actualización continua**

  Los protocolos de seguridad deben actualizarse regularmente para adaptarse a cambios en las condiciones laborales, avances tecnológicos o nuevas regulaciones.

La implementación efectiva de estos principios contribuirá a garantizar un entorno laboral seguro y saludable en el sector formativo.

4.6. Utilización de herramientas tecnológicas y gestión de la información

La utilización de herramientas tecnológicas y la gestión de la información en el sector formativo son aspectos clave para mejorar la calidad de la educación y proporcionar experiencias de aprendizaje más efectivas.

Herramientas tecnológicas en el sector formativo

1. **Plataformas de aprendizaje online (LMS)**

   ⇨ Los LMS como **Moodle, Canvas o Blackboard** permiten a los educadores crear, administrar y entregar contenido educativo online.

   ⇨ Facilitan la interacción entre profesores y estudiantes, así como el seguimiento del progreso del aprendizaje.

2. **Recursos multimedia**

   ⇨ La integración de vídeos, simulaciones, podcast y otros recursos multimedia en la enseñanza enriquece el contenido y mejora la retención de información.

3. **Realidad Virtual (RV) y Realidad Aumentada (RA)**

   ⇨ Estas tecnologías ofrecen experiencias inmersivas que pueden utilizarse para la simulación de situaciones prácticas y el aprendizaje práctico.

4. **Plataformas de colaboración en tiempo real**

   ⇨ Herramientas como **Google Workspace, Microsoft 365 o Slack** facilitan la colaboración en tiempo real y la comunicación entre estudiantes y profesores.

5. **Herramientas de evaluación online**

   ⇨ Plataformas para la creación y administración de exámenes online, como **Quizlet o Kahoot!**, ofrecen formas interactivas de evaluar el conocimiento.

Gestión de la Información

1. **Sistemas de gestión de contenidos (CMS)**

   Facilitan la creación, gestión y publicación de contenido educativo en línea, permitiendo un acceso rápido y fácil a la información.

2. **Big Data y analítica educativa**

   La recopilación y análisis de grandes conjuntos de datos educativos pueden proporcionar información valiosa sobre el rendimiento de los estudiantes y ayudar a personalizar el proceso de aprendizaje.

3. **Gestión electrónica de documentos**

   La digitalización de documentos académicos simplifica el almacenamiento, acceso y seguimiento de registros estudiantiles.

4. **Seguridad de la información**

   Dado que la información educativa es sensible, es crucial implementar medidas de seguridad, como *firewalls* y encriptación, para proteger los datos del estudiante.

5. **Integración de sistemas**

   La interoperabilidad entre diferentes sistemas garantiza una transición suave de datos y una experiencia de usuario cohesiva.

Beneficios

1. **Acceso global**

   La tecnología permite el acceso a la educación desde cualquier parte del mundo, eliminando barreras geográficas.

2. **Personalización del aprendizaje**

   Las herramientas tecnológicas permiten adaptar el contenido y las actividades de aprendizaje según las necesidades individuales de los estudiantes.

3. **Eficiencia administrativa**

   La automatización de procesos administrativos reduce la carga de trabajo de los educadores y facilita la gestión de información.

4. **Mejora de la retroalimentación**

   Las herramientas en línea facilitan una retroalimentación más rápida y detallada, promoviendo un ciclo de mejora continua.

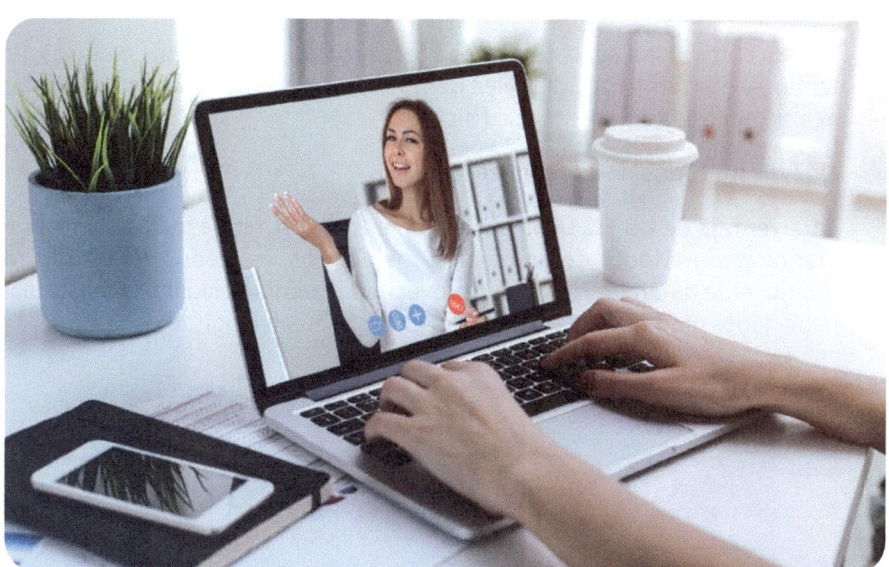

5. **Incremento de concentración y comprensión**

   Las actividades realizadas a través de herramientas digitales e interactivas aumentan la atención de los estudiantes, ayudándolos a aprender conceptos más rápido y contribuir al proceso de aprendizaje.

Este tipo de herramientas involucran más a los estudiantes en el aprendizaje práctico con el objetivo de reforzar lo que han aprendido.

6. **Flexibilidad e independencia de los estudiantes**

Las nuevas tecnologías contribuyen al autoaprendizaje de los estudiantes.

Al incorporar alternativas digitales como los cursos online, cada alumno puede aprender a su propio ritmo y optimizar su tiempo y recursos gracias a la flexibilidad que ofrece la digitalización y la conectividad.

7. **Pensamiento crítico**

Las diversas fuentes de información proporcionadas por la tecnología brindan a los estudiantes nuevas perspectivas.

Por tanto, las tecnologías de la información y la comunicación fomentan el debate y la aceptación de las opiniones de los demás. Además, el intercambio de ideas permite a los estudiantes adquirir conocimientos sobre diferentes culturas.

8. **Comunicación instantánea entre profesores y estudiantes**

Toda la comunidad educativa tiene acceso rápido a los mismos recursos. Por lo tanto, las herramientas digitales permiten una interacción directa e instantánea sin necesidad de presencia física.

9. **Nuevos métodos de enseñanza**

Otra ventaja de las TIC en la educación es que permite a los educadores integrar nuevos métodos de enseñanza, mejorar los resultados del aprendizaje y promover la dinámica del aula. Aprovecharlas también significa desarrollar las habilidades digitales necesarias para evitar la brecha digital.

Resumen

Hay dos tipos de contratos para la formación: los contratos de formación en alternancia que combinan trabajo y educación (antes contratos de formación y aprendizaje) y los contratos destinados a adquirir una práctica profesional en función del nivel de estudios que se centran en la formación profesional según el nivel de formación (antes contratos de prácticas).

Existen otras prácticas que no están relacionadas con contratos de trabajo y están clasificadas como prácticas no laborales. Estas prácticas no laborales, cuya finalidad es completar la formación del aprendiz sin relación laboral con la empresa, se pueden dividir en dos grupos: prácticas complementarias a la formación y prácticas vinculadas al plan de estudios.

Mientras que las primeras o extracurriculares son cursos que se ofrecen fuera del plan de estudios, por lo que son "opcionales" para los estudiantes que desean una formación práctica, las segundas son actividades académicas que están incluidas en el plan de estudios y generalmente son necesarias para obtener un título.

Los elementos clave en el proceso de tutorización de la formación vinculado a contratos formativos y prácticas no laborales en empresas contribuyen a un proceso de tutoría eficaz que maximiza los beneficios tanto para los participantes como para la empresa, garantizando un aprendizaje significativo y una transición exitosa a la vida laboral.

Normalmente, un docente es una persona que brinda orientación, apoyo y asesoramiento a personas en un área particular, ya sea educativa, profesional o personal.

La colaboración entre centros de formación y empresas es importante para proporcionar a los estudiantes una experiencia educativa que se ajuste a las necesidades del mercado laboral.

La integración efectiva de herramientas tecnológicas y una sólida gestión de la información pueden transformar positivamente el sector formativo, mejorando la calidad y accesibilidad de la educación.

UNIDAD DIDÁCTICA 2

Plan de tutorización en la empresa

Introducción

1. **Desarrollo y aplicación del protocolo de acogida en la empresa. Fases claves en la incorporación**

2. **Diseño y elaboración del plan formativo individual**

Resumen

Los **objetivos** de esta unidad son:

1. Utilizar las metodologías, técnicas y herramientas adecuadas para que la incorporación y desarrollo del plan de las personas tutorizadas se realice de manera eficaz cumpliendo la normativa vigente de seguridad y riesgos laborales.

2. Descubrir la importancia de los cimientos de cada empresa definiéndola correctamente con conceptos como la misión, la visión o los valores de esta y estableciendo una adecuada estructura organizativa.

3. Averiguar cuál es el compromiso de las empresas con la sociedad como entidades formadoras.

4. Describir la cultura empresarial, así como su responsabilidad social y corporativa.

5. Conocer qué elementos se deben incluir en el plan de formación individual, así como las sinergias que se producen con los centros de formación.

6. Comprender la relevancia del itinerario formativo-laboral.

7. Advertir cómo se produce la planificación de las actividades de tutoría mediante cronogramas.

8. Entender cómo se coordinan las actividades formativas entre el centro de formación y la empresa.

9. Saber los pasos a seguir dentro del proceso de seguimiento y evaluación del aprendizaje en la empresa.

Introducción

El plan de tutorización en una empresa es una estrategia organizativa que busca mejorar el rendimiento y el desarrollo profesional de los empleados a través de la orientación y el apoyo de un mentor o tutor.

Así, la tutorización en las empresas, también conocida como mentoring o tutoría, es un proceso clave que implica la asignación de un mentor o tutor experimentado para guiar y apoyar a un empleado menos experimentado, conocido como el mentorado o tutorizado.

En esta unidad veremos cómo el plan de tutorización en las empresas es esencial para el desarrollo y crecimiento tanto individual como organizacional. Y también cómo proporciona un marco estructurado para el aprendizaje, el apoyo y el desarrollo de habilidades, lo que se traduce en empleados más competentes y comprometidos, que contribuyen al éxito general de la empresa.

1. Desarrollo y aplicación del protocolo de acogida en la empresa. Fases claves en la incorporación

Un plan de acogida es el protocolo de una empresa para dar la bienvenida a nuevos empleados. Se trata de un documento estratégico diseñado para delinear el proceso de integración de los empleados a la empresa. Este es el primer punto de contacto real con los empleados, por lo que se deben invertir tiempo y recursos para garantizar que sea útil y representativo para ambas partes.

Es importante destacar que, en el campo en el que nos centramos en este curso, el de la tutorización del aprendizaje en la empresa, hablamos de personas tutorizadas que aprenden en las empresas y que durante su estancia temporal son consideradas como empleados a todos los efectos.

El plan de acogida debe contener toda la información sobre la empresa y el puesto de trabajo que los empleados necesitan para realizar su trabajo. Este proceso ayuda a dar la bienvenida adecuada a los nuevos empleados e incluye un plan de formación que promueve la productividad y el logro de objetivos.

De esta forma, los empleados tienen acceso a toda la información que necesitan desde el principio, para que puedan ponerse a trabajar de inmediato sin perder tiempo buscando información.

Los objetivos del plan de acogida son:

- Facilitar la adaptación de las personas para que se sientan cómodas, motivadas, útiles y parte importante del proyecto desde el principio.

- Descubrir qué espera la empresa de sus empleados y cuáles son sus objetivos.

- Incrementar el *engagement* o grado de implicación desde el primer momento en los empleados que se incorporan a la empresa.

- Mejorar la imagen externa de la empresa.

En resumen, el protocolo de acogida en una empresa es fundamental para garantizar una transición exitosa de los nuevos empleados y facilitar su integración en la organización.

Fases claves en la incorporación

A continuación, se describen las **fases claves en el desarrollo y aplicación del protocolo de acogida, especialmente en el contexto de la tutorización**:

1. Planificación y diseño del protocolo

2. Comunicación previa

3. Recepción el primer día

4. Tutorización y capacitación inicial

5. Seguimiento y evaluación continua

6. Integración en el equipo

7. Recursos y apoyo continuo

8. Evaluación del protocolo de acogida

Analicemos cada una de estas fases descubriendo qué tareas se llevan a cabo en cada una de ellas:

1. **Planificación y diseño del protocolo**

    ⇨   Identificación de necesidades: analizar las necesidades específicas de los nuevos empleados y de la empresa para adaptar el protocolo de acogida a las circunstancias particulares.

    ⇨   Definición de objetivos: establecer metas claras para el proceso de acogida y tutorización.

    ⇨   Designación de tutores: seleccionar a empleados experimentados y capacitados para actuar como tutores. Estos tutores serán responsables de guiar a los nuevos empleados durante su periodo de incorporación.

2. **Comunicación previa**

    ⇨   Información anticipada: proporcionar a los nuevos empleados información relevante sobre la empresa, su cultura, políticas, beneficios y cualquier otro aspecto importante antes de su primer día.

    ⇨   Coordinación con equipos: asegurar la preparación de los equipos que recibirán a los nuevos empleados.

    ⇨   Presentación del tutor: antes del inicio, presentar a los nuevos empleados a su tutor para establecer un primer contacto y crear un ambiente acogedor desde el principio.

3. **Recepción el primer día**

    ⇨   Orientación física: proporcionar un recorrido por las instalaciones y presentar a los compañeros de trabajo.

    ⇨   Bienvenida oficial: organizar una sesión de bienvenida para los nuevos empleados, donde se presenten la empresa, su misión, visión, valores y otros aspectos clave.

    ⇨   Entrega de materiales: proporcionar toda la documentación necesaria, como manuales, políticas internas y otros materiales relevantes.

4. **Tutorización y capacitación inicial**

    ⇨   Asignación de un tutor o mentor: designar a un empleado experimentado como tutor o mentor para proporcionar orientación y apoyo.

    ⇨   Plan de tutorización: establecer un plan detallado para la tutorización, que incluya reuniones regulares entre el tutor y el nuevo empleado.

⇨ Capacitación: proporcionar la formación necesaria para que el nuevo empleado se familiarice con sus responsabilidades, tareas y procesos.

5. **Seguimiento y evaluación continua**

⇨ Evaluación continua: realizar evaluaciones periódicas para medir el progreso del nuevo empleado y abordar cualquier problema o pregunta que pueda surgir.

⇨ Retroalimentación: proporcionar retroalimentación constructiva y positiva para reforzar el desarrollo del nuevo empleado.

6. **Integración en el equipo**

⇨ Actividades sociales: facilitar la participación del nuevo empleado en actividades sociales para fomentar la construcción de relaciones dentro del equipo.

⇨ Presentación al equipo: organizar una presentación formal del nuevo empleado al equipo para fortalecer la integración.

⇨ Grupos de trabajo: facilitar la participación en proyectos o grupos que promuevan la colaboración.

7. **Recursos y apoyo continuo**

⇨ Recursos disponibles: proporcionar información sobre recursos internos y contactos para resolver preguntas o problemas.

⇨ Apoyo emocional: reconocer y abordar cualquier problema emocional o de adaptación que pueda surgir.

8. **Evaluación del protocolo de acogida**

⇨ Retroalimentación del empleado: obtener retroalimentación del nuevo empleado sobre su experiencia en el proceso de acogida para realizar mejoras continuas.

⇨ Evaluación interna: evaluar regularmente la eficacia del protocolo de acogida y realizar ajustes según sea necesario.

⇨ Mejora continua: identificar áreas de mejora y ajustar el protocolo para optimizar el proceso de acogida.

1.1. Identificación de las necesidades y expectativas de las personas tutorizadas en la empresa

La información sobre las necesidades y expectativas de las personas tutorizadas en una empresa puede variar según la naturaleza de la tutoría y las metas individuales de los participantes.

Necesidades de las personas tutorizadas

A continuación, se muestran algunos ejemplos de necesidades de las personas tutorizadas:

Ejemplos de necesidades de las personas tutorizadas

Profundicemos un poco más en cada uno de ellos:

1. **Desarrollo profesional**

▶ Habilidades **técnicas:** mejora de habilidades específicas relacionadas con el trabajo identificadas a través de una estrategia adecuada de evaluación del talento.

► Desarrollo de carrera: orientación para el crecimiento y avance profesional.

2. **Orientación y apoyo**

► Consejería personal: ayuda en la gestión del equilibrio trabajo-vida personal.

► Orientación laboral: consejos sobre la toma de decisiones relacionadas con la carrera.

3. *Feedback* **constructivo**

► Evaluación de desempeño: comentarios sobre el rendimiento y áreas de mejora.

► Reconocimiento: reconocimiento de logros y contribuciones.

4. **Desarrollo de habilidades blandas**

► Comunicación: mejora de habilidades de comunicación interpersonal.

► Liderazgo: desarrollo de habilidades de liderazgo y gestión.

5. **Adaptación a cambios**

► Capacitación continua: actualización constante de habilidades frente a cambios en la industria.

Expectativas de las personas tutorizadas

Generalmente, las personas tutorizadas presentan las siguientes expectativas:

Compromiso recíproco	Crecimiento profesional
Retroalimentación constructiva	Apoyo y redes
Flexibilidad y adaptabilidad	Conocimiento

Ejemplos de expectativas de las personas tutorizadas

Veamos, con más detalle, cada uno de ellos:

1. **Compromiso recíproco**

⇨ Participación: compromiso activo en la tutoría.

⇨ Responsabilidad compartida: expectativa de esfuerzo tanto del mentor como del tutelado.

2. **Crecimiento profesional**

⇨ Oportunidades de avance: expectativa de oportunidades para avanzar profesionalmente, lo que produce satisfacción laboral en la persona tutorizada.

⇨ Desarrollo de carrera sostenible: expectativa de un crecimiento sostenible en la carrera.

3. **Retroalimentación constructiva**

⇨ Comentarios claros: esperanza de retroalimentación clara y constructiva y teniendo capacidad para aceptar críticas.

⇨ Oportunidades de mejora: deseo de identificar áreas de mejora y trabajar en ellas. Así, la persona tutorizada aspira a tener habilidades de escucha activa y pensamiento crítico y a aumentar su confianza en ellas.

4. **Apoyo y redes**

⇨ Conexiones profesionales: expectativa de ampliar la red profesional a través de la tutoría, incluso tendiendo puentes entre distintas generaciones.

⇨ Apoyo en desafíos: buscar apoyo en momentos desafiantes o de toma de decisiones.

5. **Flexibilidad y adaptabilidad**

⇨ Adaptación a cambios: expectativa de adaptarse a cambios en el entorno laboral.

⇨ Flexibilidad en la tutoría: necesidad de ajustar la tutoría según evolucionan las metas y circunstancias.

6. **Conocimiento**

⇨ Curso intensivo: expectativa de aprender cosas nuevas sobre el sector, llegando a especializarse en el mismo.

⇨ Apertura de mente: expectativa de estar abierto a los cambios necesarios para aprender.

Es importante tener en cuenta que estas necesidades y expectativas pueden variar según el sector, la cultura organizacional y las metas individuales. Establecer una comunicación abierta y regular entre el mentor y el tutelado es esencial para comprender y abordar estas necesidades de manera efectiva.

1.2. Descripción de la empresa. Misión, visión, valores, proyección y organigrama de la misma

En líneas generales, la descripción de la empresa, la misión, la visión, los valores, la proyección y el organigrama son elementos clave que forman parte de la estructura y la identidad de cualquier empresa. Veamos en qué consisten cada uno de estos elementos.

La **descripción de la empresa** es una introducción general que proporciona información sobre la historia, el tamaño, la ubicación y la naturaleza del negocio.

La **misión de la empresa** es su propósito y razón de existir, de forma que constituye la guía fundamental para la toma de decisiones diarias.

Para determinar la misión se pueden realizar preguntas como:

▶ ¿Qué hace la empresa?

▶ ¿Por qué existe la empresa?

▶ ¿Qué problema quiere resolver la empresa?

▶ ¿Cuál es su ventaja competitiva?

▶ ¿A qué grupo objetivo se dirige?

Es necesario tener en cuenta que las declaraciones de misión suelen ser difíciles, si no imposibles de seguir y, por ello, son muy alentadoras.

La **visión de la empresa** determina cómo se cumplirá su misión, de forma que visión empresarial debe describir cómo logrará su misión empresarial.

En otras palabras, la visión es una declaración a largo plazo que describe a dónde aspira a llegar la empresa en el futuro. Define la dirección y los objetivos a largo plazo, proporcionando una imagen clara del éxito futuro. Además, la visión también influye a la hora de tomar decisiones organizativas.

Los **valores de la empresa** representan los principios éticos y las creencias fundamentales que guían el comportamiento y las decisiones de la empresa. Son la base de la cultura organizacional. Así pues, estos valores establecen un compromiso ético que da forma e inspira el plan estratégico de la empresa.

Existen diferentes tipos de valores corporativos, incluidos los valores sociales, los valores de desarrollo o los valores de servicio al cliente. Todos estos valores corporativos generalmente están relacionados con la responsabilidad social corporativa de una organización porque influyen en la contribución de la empresa a la mejora de la sociedad y tienen como objetivo crear un futuro mejor.

En definitiva, la misión, la visión y los valores de una empresa no solo brindan una dirección clara a los clientes y definen la identidad de la marca, sino que también crean un sentido de pertenencia entre los miembros de la organización. De esta forma, la misión y la visión de una empresa, junto con sus valores corporativos, son la columna vertebral de una estrategia empresarial exitosa.

Ejemplos de misión, visión y valores de dos empresas reconocidas: IKEA España y Coca-Cola España	
IKEA	**Coca-Cola España**

IKEA

- Misión: *"Ofrecer un amplio surtido de decoración y productos para el hogar funcionales y con buenos diseños, a precios que resulten asequibles para la mayoría de las personas".*
- Visión: *"Crear un mejor día a día para la mayoría de las personas".* *"Esta visión va más allá de la decoración y productos para el hogar. Queremos tener un impacto positivo en el mundo, desde las comunidades donde obtenemos nuestras materias primas hasta la forma en que nuestros productos ayudan a nuestros clientes a vivir de forma más sostenible en el hogar".*
- Valores: *"Los valores reflejan todo aquello que consideramos importante. Tan importante que nos referimos a ellos como una de nuestras "piezas que perduran". Nos guían en nuestra vida diaria en el trabajo, desde cómo tratamos a las personas y al planeta hasta cómo tomamos decisiones, grandes o pequeñas".*

Sus valores son:
- *Unión.*
- *Cuidar de las personas y del planeta.*
- *Conciencia de costes.*
- *Sencillez.*
- *Renovación y mejora.*
- *Diferentes con un sentido.*
- *Asumir y delegar responsabilidades.*
- *Liderar con el ejemplo.*

Coca-Cola España

- Misión: *"Refrescar al mundo y marcar la diferencia".*
- Visión: *"Crear las marcas y ofrecer las bebidas que la gente desea para refrescarla en todos los sentidos. Y hacerlo a través de un negocio más sostenible y construyendo un futuro mejor para todos, que marque la diferencia en la vida de las personas, la sociedad y el planeta".*

Valores:
- *Pasión por las personas.*
- *Vanguardia y excelencia en ingredientes, innovación, diseño y marketing.*
- *Inversión en liderazgo en todas las categorías.*
- *Actuación a nivel mundial y local.*
- *Alianzas comerciales potentes.*

Asimismo, la **proyección de la empresa** se refiere a la anticipación o estimación de su futuro desempeño y crecimiento. Es un ejercicio estratégico que implica analizar tendencias pasadas, evaluar el entorno empresarial actual y prever posibles escenarios futuros.

La proyección empresarial suele incluir aspectos financieros, operativos y estratégicos. Para determinar la proyección se usan elementos clave como: ventas previstas, gastos, inversiones, expansión geográfica, desarrollo de productos, etc.

El objetivo principal de la proyección es proporcionar una guía para la toma de decisiones y ayudar a la empresa a planificar sus actividades y recursos de manera eficiente para lograr sus metas a largo plazo.

Por otro lado, el **organigrama de la empresa** es una representación gráfica de la estructura jerárquica y funcional de la organización. En otras palabras, muestra cómo se distribuyen las responsabilidades y autoridades dentro de la empresa.

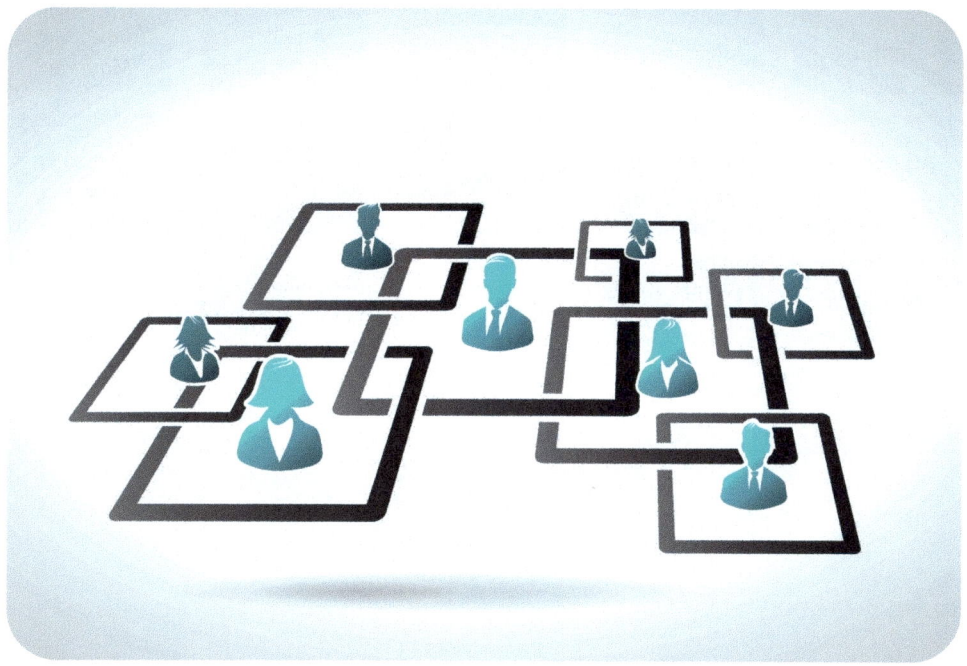

Los organigramas suelen representar los diferentes niveles jerárquicos, los departamentos y las relaciones de supervisión. Los cuadros y líneas en un organigrama indican quién informa a quién y cómo se organiza el personal en la empresa.

Ejemplo de organigrama en una empresa

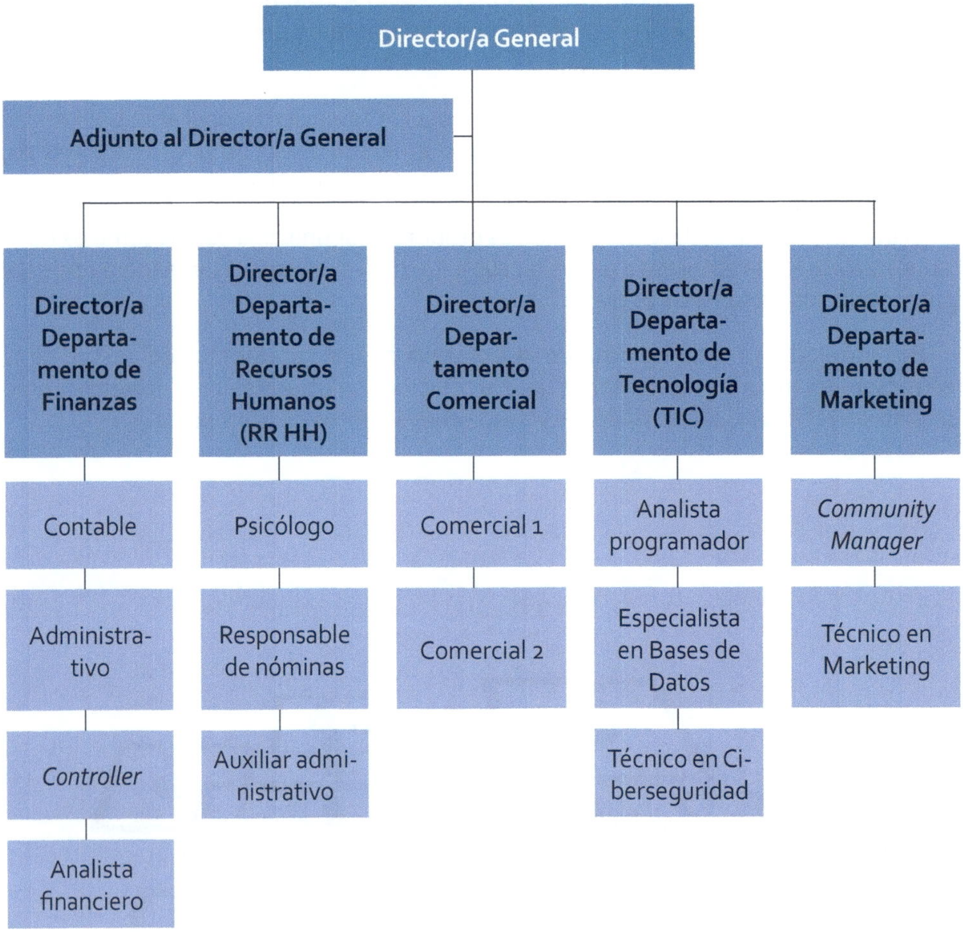

Director/a General

Adjunto al Director/a General

Director/a Departamento de Finanzas	Director/a Departamento de Recursos Humanos (RR HH)	Director/a Departamento Comercial	Director/a Departamento de Tecnología (TIC)	Director/a Departamento de Marketing
Contable	Psicólogo	Comercial 1	Analista programador	*Community Manager*
Administrativo	Responsable de nóminas	Comercial 2	Especialista en Bases de Datos	Técnico en Marketing
Controller	Auxiliar administrativo		Técnico en Ciberseguridad	
Analista financiero				

En el siguiente gráfico podemos ver cómo se relacionan todos estos elementos comentados:

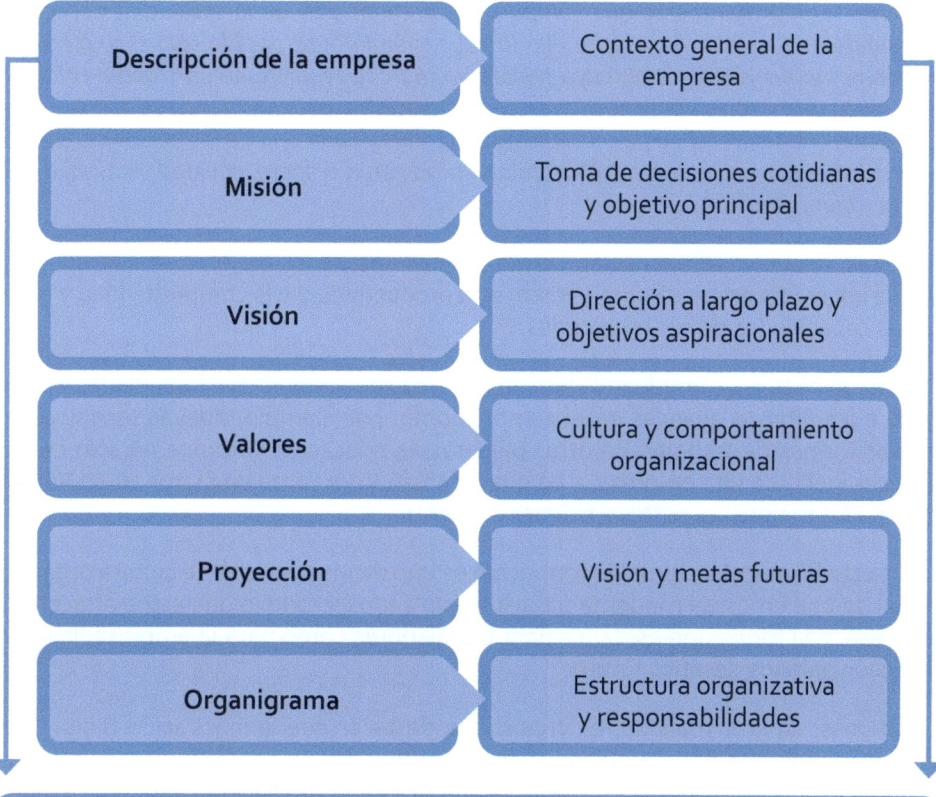

Relación entre descripción, misión, visión, valores, proyección y organigrama de la empresa

1.3. Compromiso de la empresa como entidad formadora que contribuye a la mejora de la sociedad

Ferrer (1998) manifiesta que *"un principio irrenunciable de la sociedad es conseguir un mundo más igualitario, y para ello la educación lo hará posible solo si se piensa en ella como un proyecto social, cuya puesta en marcha requiere de un trabajo colaborativo, constante y congruente con las exigencias sociales, aquellas donde se insiste en una formación que se preocupe por el bienestar de todas y cada una de las personas, con una aspiración mayor -cohesión social-, fundamentada en el respeto, equidad, justicia, democracia y pluralidad".*

Así, la inversión en formación corporativa es una de las mejores aplicaciones que puede hacer una empresa para aumentar la productividad y la competitividad y mejorar las capacidades de sus empleados.

Esto permite a los empleados adquirir nuevos conocimientos y habilidades y adaptarse a los últimos avances en el campo, como, por ejemplo, nuevas tecnologías o nuevas formas de trabajar. En otras palabras, la educación continua no solo mejora el desempeño de una empresa, sino que también sirve como un factor atractivo para atraer a los mejores expertos y retener el talento.

De esta forma, el sistema de formación es uno de los pilares de la cultura organizacional de una empresa moderna para sus empleados y todo lo que estos ofrecen a la empresa. Y la formación es, tanto para trabajadores como para la empresa, la mejor inversión para los desafíos futuros.

Además, en la actualidad, es importante destacar que la innovación digital y las nuevas tecnologías han cambiado la forma en que las empresas trabajan, operan y gestionan sus negocios. En este sentido, y a modo de formación continua, se anima a las pequeñas y medianas empresas a introducir nuevos programas, aplicaciones o máquinas que puedan adaptarse a la Industria 4.0.

Ventajas de la formación para la empresa

- Existen importantes beneficios para las empresas que consideran formar a sus empleados. Las empresas que utilizan programas de formación tienen más probabilidades de:

- Adaptar la empresa a las últimas tendencias del mercado integrando nuevas tecnologías y sistemas de gestión y organización.

- Incrementar la ventaja competitiva de la empresa.

- Contribuir a la integración de la misión, cultura y valores de la empresa.

- Optimizar la productividad, competitividad y rentabilidad empresarial.

- Mejorar la calidad de los productos y servicios.

- Fomentar la investigación y la innovación en nuevos productos.

- Habilitar el cambio estructural en su organización.

- Empoderar plenamente a los empleados de la empresa.

- Utilizar estrategias de gestión del talento.

- Fortalecer el proceso de control de calidad de la empresa.

- Mejorar la motivación y el compromiso de los empleados.

- Perfeccionar el uso de aplicaciones y programas.

- Conservar el talento.

Ventajas de la formación para los empleados

Los empleados con formación empresarial pueden disfrutar de importantes beneficios como:

- Reciclar y renovar los conocimientos, habilidades y destrezas.

- Contribuir a la integración social de los empleados.

- Incrementar la satisfacción, motivación y compromiso de los empleados.

- Fomentar el uso de las nuevas tecnologías y adaptarse a la transformación digital. Incrementar la seguridad laboral.

- Reducir el número de accidentes laborales.

- Capacitar a los empleados para que asuman responsabilidades, tomen decisiones efectivas y resuelvan problemas.

- Incrementar la eficiencia de los empleados en los procesos de trabajo y producción. Aumentar las oportunidades de ascenso de los empleados y mejorar las condiciones laborales.

 Red de Empresas formadoras de la Cámara de Comercio de Valladolid

La **Red de Empresas Formadoras** representa el compromiso entre las empresas y la Cámara de Comercio de Valladolid con la búsqueda de vías de colaboración que aporten valor a las empresas y profesionales.

Esta iniciativa responde a la necesidad de generar una mayor adecuación de la formación de sus profesionales a la realidad empresarial, y que faciliten soluciones a las necesidades reales de talento de las empresas.

Es un compromiso con el desarrollo de la sociedad, contribuyendo a la sostenibilidad del entorno, la fidelización del talento en nuestro territorio y al aumento de la competitividad empresarial.

1.4. Cultura de empresa. Responsabilidad social y corporativa

Tal y como establece el Instituto de Gestión Cultural y Artística (IGECA) *"la responsabilidad social corporativa (RSC) es toda actuación empresarial de carácter voluntario que contribuye al bien común. Con dichas estrategias se pretende, por tanto, beneficiar a la sociedad y al planeta para contrarrestar el impacto negativo derivado de la actividad de un negocio. También es habitual referirse a este concepto como responsabilidad social de las empresas (RSE)".*

La responsabilidad social corporativa no solo beneficia a la sociedad y al medio ambiente, sino que también puede tener impactos positivos en la reputación y el éxito a largo plazo de la empresa.

Algunas prácticas comunes en las empresas son:

⇨ Implementación de políticas para reducir la huella de carbono.

⇨ Gestión responsable de residuos y reciclaje.

⇨ Fomentar la diversidad e inclusión en el lugar de trabajo.

⇨ Apoyo a organizaciones sin fines de lucro y proyectos comunitarios.

⇨ Patrocinio de eventos locales y culturales.

⇨ Creación de programas educativos y becas para la comunidad.

⇨ Establecimiento de políticas éticas y códigos de conducta.

⇨ Lucha contra la corrupción y prácticas empresariales poco éticas.

⇨ Colaboración con otras empresas y organizaciones para abordar desafíos sociales.

⇨ Uso de tecnologías para resolver problemas sociales o mejorar la calidad de vida.

⇨ Adopción de prácticas de gobierno corporativo transparentes.

⇨ Énfasis en la responsabilidad y la ética en la alta dirección.

⇨ Contribución a esfuerzos de socorro en caso de desastres naturales u otras crisis.

⇨ Uso de energías renovables.

⇨ Desarrollo de planes de continuidad del negocio que consideren el impacto social.

⇨ Apoyo a empleados y comunidades afectadas por situaciones de emergencia.

Además, la responsabilidad social corporativa es el resultado de una cultura corporativa ética y sostenible. De esta manera, se intenta romper la dinámica dañina donde las empresas solo buscan ganancias. Y es esta mentalidad egoísta la que ha causado daños sociales y ambientales durante siglos que ahora es necesario corregir.

La cultura es el nicho más importante de la RSC. La relación entre ambas es tan estrecha que algunos incluso hablan de Responsabilidad Cultural Empresarial (RCC). Asimismo, el alcance de las actividades culturales es lo suficientemente amplio como para que las empresas puedan apoyar proyectos que se ajusten perfectamente a su perfil corporativo.

Hay muchas maneras de utilizar la RSC para promover la vida cultural de una comunidad:

▶ **Patrocinio de eventos culturales**

Apoyar financieramente eventos culturales locales como festivales, exposiciones de arte, conciertos y representaciones teatrales. Esto no solo promueve la cultura, sino que también mejora la imagen de la empresa.

▶ **Colaboraciones con instituciones culturales**

Establecer asociaciones con museos, galerías de arte, teatros y otras instituciones culturales. Puedes ofrecer apoyo financiero, donaciones o espacios para eventos.

▶ **Programas educativos y talleres**

Desarrollar programas educativos que fomenten la apreciación de las artes y la cultura. Esto puede incluir patrocinio de programas escolares, talleres para jóvenes artistas o actividades culturales en escuelas.

▶ **Restauración y preservación del patrimonio cultural**

Contribuir a la restauración y preservación de sitios históricos y culturales en la comunidad. Esto no solo beneficia a la cultura, sino que también contribuye a la identidad y el orgullo local.

▶ **Fomentar la diversidad cultural**

Apoyar eventos que celebren la diversidad cultural en la comunidad, como festivales étnicos, ferias internacionales y programas que promuevan la inclusión y comprensión intercultural.

▶ **Promoción de artistas locales**

Destacar y respaldar a artistas locales mediante la exposición de sus obras en espacios corporativos, la creación de galerías de arte comunitarias o la inclusión de su trabajo en campañas publicitarias.

▶ **Desarrollo de infraestructuras culturales**

Contribuir al desarrollo de infraestructuras culturales, como teatros, bibliotecas, espacios de arte y centros comunitarios. Esto puede hacerse a través de inversiones directas o asociaciones con el gobierno local.

▶ **Eventos culturales internos**

Organizar eventos culturales para empleados, fomentando un ambiente de trabajo enriquecido por la diversidad cultural y la apreciación de las artes.

▶ **Programas de voluntariado cultural**

Facilitar programas de voluntariado para empleados que les permitan contribuir activamente al desarrollo cultural de la comunidad. Esto podría incluir participación en proyectos comunitarios, eventos o programas educativos.

▶ **Transparencia y ética en las prácticas comerciales**

Garantizar que las prácticas comerciales de la empresa sean éticas y transparentes, respetando y preservando la cultura local en todas las operaciones.

Responsabilidad Social Corporativa en Adams Formación

Texto extraído de: https://www.adams.es/responsabilidad-social-corporativa

Lema de RSC:

"Entendemos la Responsabilidad Social Corporativa como una parte importante de nuestra identidad. Nuestros valores de compromiso, sostenibilidad y transparencia nos comprometen con iniciativas que contribuyan a mejorar la vida de quienes confían en nosotros y de colectivos vulnerables".

Responsabilidad social con sus alumnos: *becas para personas que están en situación de desempleo o que tienen ingresos inferiores al IPREM.*

Apoyo a colectivos vulnerables

- Apoyo a mujeres víctimas de violencia de género.

- Red de Empresas por una Sociedad Libre de Violencia de Género.

- Fundación Integra (becas de formación para apoyar la inserción sociolaboral de personas en situación de exclusión severa).

- Inserción sociolaboral (colaboramos con los programas de inclusión social de Cáritas Diocesana de Sevilla y con la Federación Española de Asociaciones de Espina Bífida e Hidrocefalia).

CEAR - Comisión Española de Ayuda al Refugiado (Becas de Formación para personas refugiadas).

Más colaboraciones: AIDA, Intermón Oxfam, la Asociación Española contra el Cáncer o Cruz Roja y Cáritas de Catalunya.

Reconocimientos a su RSC

⇨ Premio a la Iniciativa Social 2010, concedido por la Confederación Española de Empresas de Formación (CECAP) por la labor realizada en materia de RSC.

⇨ La Asociación de Proveedores de e-Learning (APeL) ha reconocido su RSC con el Premio a la Excelencia en el eLearning 2015, en la categoría a la mejor Solución Social.

⇨ Su política de igualdad ha sido reconocida por el galardón concedido de Empresa en femenino plural, correspondiente a los VII Premios Solidarios a la Igualdad que organiza Mujeres para el Diálogo y la Educación.

⇨ Cuentan con el sello Fent Empresa. Igualdad de Oportunidades, otorgado por la Dirección General del Instituto Valenciano de las Mujeres y la Igualdad de Género.

1.5. Descripción del proceso de evaluación de la estancia en la empresa de las personas tutorizadas

La evaluación de la estancia puede definirse como un proceso dinámico, continuo y estructurado que cumple funciones de diagnóstico, formación y, en su caso, reconocimiento y/o certificación de las competencias adquiridas.

Esto nos permite conocer el nivel de desarrollo de las habilidades, destrezas, aptitudes y conocimientos de un individuo en una determinada actividad.

Y, además, significa un control de calidad continuo para mejorar el proceso general de aprendizaje.

Este proceso implica la evaluación tanto de las habilidades técnicas como de las habilidades blandas (*soft skills*) y el ajuste cultural. Asimismo, el proceso de evaluación debe ser transparente, justo y centrado en el desarrollo profesional de la persona tutorizada, brindándoles la oportunidad de crecer y mejorar a lo largo de su estancia en la empresa.

A continuación, se describe un **proceso general de evaluación**:

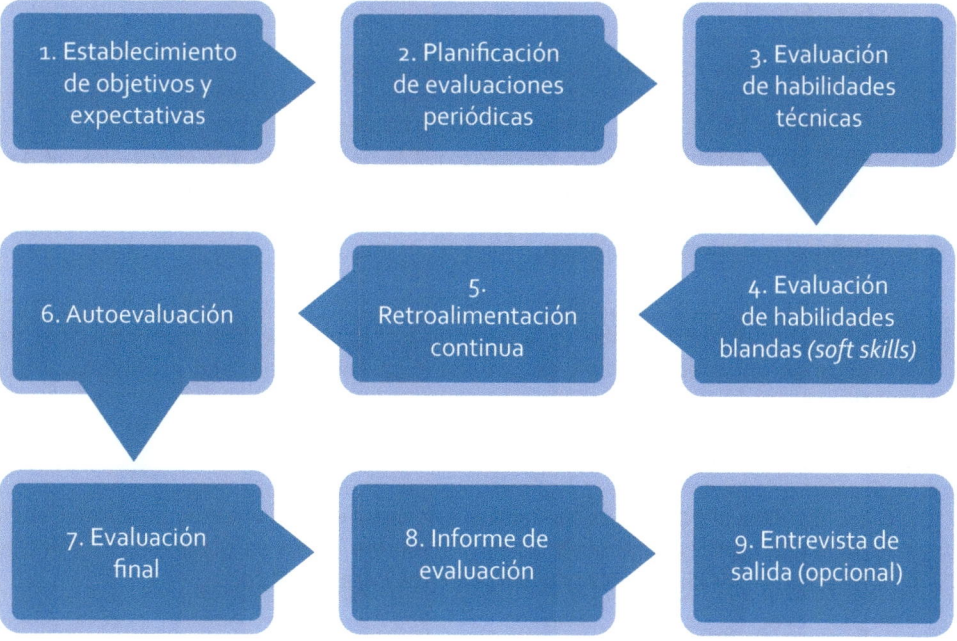

Profundicemos en cada uno de estos pasos:

1. **Establecimiento de objetivos y expectativas**

   Antes de que comience la estancia, se deben establecer objetivos claros y expectativas mutuas entre la empresa y el estudiante o aprendiz. Estos objetivos pueden incluir metas específicas relacionadas con proyectos, habilidades a desarrollar o conocimientos a adquirir.

2. **Planificación de evaluaciones periódicas**

   Se establecen periodos regulares de revisión y retroalimentación durante la estancia. Esto puede incluir reuniones semanales, quincenales o mensuales con el tutor asignado para discutir el progreso y abordar cualquier problema o pregunta.

3. **Evaluación de habilidades técnicas**

   Se evalúan las habilidades técnicas específicas relacionadas con el trabajo o proyecto en el que la persona tutorizada está involucrada. Esto puede implicar pruebas prácticas, revisiones de proyectos o presentaciones sobre el trabajo realizado.

4. **Evaluación de habilidades blandas (*soft skills*)**

   Se evalúan las habilidades blandas, como habilidades de comunicación, trabajo en equipo, adaptabilidad y liderazgo. Estas habilidades son esenciales para el éxito en el entorno laboral y contribuyen al desarrollo profesional.

5. **Retroalimentación continua**

   Durante las reuniones periódicas, se proporciona retroalimentación constructiva sobre el rendimiento de la persona tutorizada. Se destacan los logros, se abordan áreas de mejora y se ofrecen sugerencias para el crecimiento profesional.

6. **Autoevaluación**

   Se alienta a la persona tutorizada a participar en su propia evaluación. Puede presentar autoevaluaciones donde reflexione sobre su progreso, identifique fortalezas y debilidades y proponga metas para el futuro.

7. **Evaluación final**

   Al finalizar la estancia, se realiza una evaluación final que resume el rendimiento global de la persona tutorizada. Se pueden proporcionar recomendaciones para el desarrollo futuro y oportunidades de mejora.

8. **Informe de evaluación**

Se genera un informe de evaluación que resume todas las evaluaciones periódicas, la retroalimentación recibida y las recomendaciones para el desarrollo futuro. Este informe puede ser compartido con la persona tutorizada y utilizado como referencia para futuras oportunidades de empleo o formación.

9. **Entrevista de salida (opcional)**

En algunos casos, se realiza una entrevista de salida para obtener comentarios finales y comentar la experiencia general de la persona tutorizada en la empresa. Esto también proporciona una oportunidad para recibir comentarios sobre la calidad del programa de tutoría.

1.6. Descripción de las condiciones sobre salud y seguridad laboral, de los riesgos laborales, equipos de protección y plan de evacuación y confinamiento (en su caso) en el lugar de trabajo

La salud y seguridad laboral son aspectos fundamentales en cualquier lugar de trabajo para garantizar el bienestar de los empleados y prevenir accidentes.

Descripción de las condiciones de salud y seguridad laboral

Una definición de salud laboral es la que constituye la OMS, la cual la señala como *"una actividad multidisciplinaria que promueve y protege la salud de los trabajadores. Esta disciplina busca controlar los accidentes y las enfermedades mediante la reducción de las condiciones de riesgo".*

La salud laboral se establece en condiciones de trabajo adecuadas, donde existan condiciones de trabajo justas, donde los trabajadores puedan realizar su trabajo con dignidad y donde puedan participar en la mejora de las condiciones de salud y seguridad.

Los riesgos para la salud laboral se pueden prevenir y es responsabilidad de las empresas hacerlo. Tomando las precauciones adecuadas se pueden evitar los llamados "accidentes" y enfermedades profesionales.

Y la seguridad en el trabajo o laboral es aquella disciplina que se encarga de prevenir accidentes laborales garantizando la seguridad de los lugares de trabajo, las máquinas, las herramientas y todos los demás equipos utilizados por los trabajadores.

Las normas preventivas estipulan los derechos de los empleados, la responsabilidad de la empresa de organizar e implementar medidas preventivas, garantizando su eficacia, y la responsabilidad pública de promover, monitorear y sancionar.

De esta forma, para poder llevar a cabo estos aspectos relacionados con la salud y la seguridad laboral en las empresas es necesario desarrollar los siguientes temas:

▶ **Evaluación de riesgos**

- Se trata de una obligación empresarial y es un medio clave para prevenir daños a la salud y la seguridad de los empleados.

- Se debe realizar una evaluación de riesgos para identificar peligros potenciales en el entorno laboral.

- Los empresarios deben documentar y revisar regularmente esta evaluación.

▶ **Normativas y legislación**

- Cumplimiento de las normativas y leyes nacionales y autonómicas sobre salud y seguridad laboral.

- Mantenerse actualizado sobre cambios en las regulaciones para ajustarse a los estándares.

▶ **Capacitación**

- Proporcionar capacitación regular a los empleados sobre procedimientos de seguridad y el uso adecuado de equipos.

▶ **Instalaciones seguras**

- Mantener el lugar de trabajo limpio y organizado para prevenir accidentes.

- Asegurar que las instalaciones cumplan con los estándares de seguridad.

Riesgos laborales

El Instituto Nacional de Seguridad y Salud en el Trabajo perteneciente al Ministerio de Trabajo y Economía Social establece las siguientes definiciones:

⇨ **Prevención:** *"conjunto de actividades o medidas adoptadas o previstas en todas las fases de actividad de la empresa con el fin de evitar o disminuir los riesgos derivados del trabajo".*

⇨ **Riesgo laboral:** *"posibilidad de que un trabajador sufra un determinado daño derivado del trabajo".*

⇨ **Daños derivados del trabajo:** *"enfermedades, patologías o lesiones sufridas con motivo u ocasión del trabajo".*

Así pues, existe la Ley 31/1995, de 8 de noviembre, de Prevención de Riesgos Laborales (LPRL) que estipula directamente el derecho de los trabajadores a una protección efectiva en materia de seguridad y salud en el trabajo, lo que significa que los empresarios tienen el deber de proteger a los trabajadores de los riesgos laborales.

La LPRL también señala que los derechos de información, consulta y participación, formación preventiva, cese del servicio en caso de peligro grave e inminente y atención de la salud son algunos de los derechos de los empleados a la protección efectiva de la seguridad y la salud.

En general, es necesario tener en cuenta los siguientes tipos de riesgos que se pueden producir en el lugar de trabajo:

TIPOS DE RIESGOS LABORALES		
	Generales	Sector educativo
Físicos	Caídas, golpes, atrapamientos, exposición a sustancias peligrosas, etc.	Caídas, tropiezos, cortes u otros accidentes durante actividades prácticas o experimentos en aulas y laboratorios.
Ergonómicos	Lesiones relacionadas con la postura y movimientos repetitivos.	Problemas de salud relacionados con la ergonomía, como dolores musculares, lesiones por esfuerzo repetitivo o problemas posturales debido a la configuración del mobiliario y equipo.
Psicosociales	Estrés laboral, acoso, violencia en el lugar de trabajo.	La presión y las demandas emocionales asociadas con la enseñanza pueden dar lugar a niveles altos de estrés, lo que puede tener impactos negativos en la salud mental y física.
Biológicos	Exposición a bacterias, virus u otros agentes patógenos.	En laboratorios de biología o escuelas de salud, existe el riesgo de exposición a agentes biológicos, como bacterias, virus u otros patógenos.

Equipos de Protección Individual (EPI)

El equipo de protección individual (EPI) es un artículo llevado o usado por una persona cuya función es protegerla de ciertos riesgos laborales.

La protección personal tiene como objetivo proporcionar la última barrera entre el peligro y el trabajador a través del equipo que utiliza. Por definición, no elimina el riesgo y tiene funciones preventivas limitadas.

En cualquier caso, si se utiliza, se debe prestar la máxima atención a la elección correcta para evitar molestias y evitar que esta barrera sea en realidad falsa, empeorando el efecto. Además, se debe establecer un programa de implementación y seguimiento.

Los equipos de protección individual (EPI) no eliminan los riesgos y, a menudo, resultan dolorosos o incómodos para los trabajadores. Por ello, se recomienda minimizar al máximo su uso.

El artículo 15 de la LPRL establece que, si existe riesgo, se deberán tomar las siguientes medidas:

- Evitar riesgos (por ejemplo, cambiar una máquina ruidosa).

- Controlar los peligros en su origen (por ejemplo, cerramientos antirruidos).

- Proteger a la persona (por ejemplo, protectores auditivos).

El equipo de protección individual incluye: cascos, tapones para los oídos, gafas de seguridad o pantallas faciales, mascarillas respiratorias, cremas protectoras, guantes o ropa protectora y calzado de seguridad o dispositivos de protección contra caídas.

En definitiva, dentro de los EPI podemos distinguir entre el equipo básico y el especializado:

- **Equipo básico**

    Cascos, guantes, gafas de seguridad, calzado protector.

- **Equipo especializado**

    Respiradores, trajes de protección química, protectores auditivos.

Importante: es obligatorio dar nociones básicas a los empleados acerca de su mantenimiento y uso adecuado, capacitándolos sobre cómo usar, mantener y almacenar adecuadamente un EPI.

Plan de evacuación y confinamiento

Un plan de evacuación es un documento que se puede utilizar en caso de emergencia y enumera **áreas**, instalaciones y otras precauciones de emergencia importantes.

Los planes de evacuación también se utilizan para prevenir accidentes, por lo que parte del plan considera áreas vulnerables y objetos peligrosos para minimizar riesgos al bienestar de las personas.

Respecto al confinamiento, en situaciones de emergencia, puede ser una medida temporal destinada a proteger la salud y seguridad de las personas, así como a garantizar la continuidad de las operaciones empresariales de manera segura. Estas medidas suelen ser parte de un plan de gestión de crisis elaborado previamente por la empresa para abordar diversas emergencias y garantizar la rápida respuesta y adaptación a situaciones imprevistas.

Todos los edificios con ocupantes deben tener un plan de evacuación para situaciones potencialmente peligrosas. El hecho de tener un plan de emergencia implementado y ejecutado adecuadamente brinda a los empleados información clara sobre qué hacer en caso de una emergencia.

Algunos aspectos que se deben tener en cuenta dentro de un plan de evacuación son los siguientes:

⇨ **Mapas de evacuación**

Disponer de mapas claros de las rutas de evacuación y ubicación de salidas de emergencia.

⇨ **Puntos de encuentro**

Establecer lugares seguros fuera del edificio para reunirse después de evacuar.

⇨ **Simulacros de evacuación**

Realizar simulacros periódicos para garantizar la eficacia del plan y la familiaridad de los empleados con los procedimientos.

⇨ **Comunicación de emergencia**

Implementar sistemas de comunicación para informar a los empleados sobre emergencias y procedimientos.

⇨ **Confinamiento**

Desarrollar planes para situaciones en las que el confinamiento sea necesario, como en caso de amenazas externas o emergencias químicas.

Es crucial que los jefes y los empleados trabajen juntos para mantener un entorno laboral seguro y saludable, y que se actualicen regularmente los procedimientos y protocolos según sea necesario.

2. Diseño y elaboración del plan formativo individual

Un plan de formación es una excelente herramienta para implementar un programa de formación dentro de la empresa.

Así, podemos definir el plan de formación como aquel conjunto de acciones formativas necesarias para mejorar los conocimientos y habilidades de los empleados dentro de una empresa.

Además, el plan de formación individual es beneficioso tanto para los empleados que han desarrollado sus capacidades como para las empresas que cuentan con talento bien formado.

En líneas generales, el proceso estándar de elaboración de un plan de formación puede verse reflejado en el siguiente gráfico:

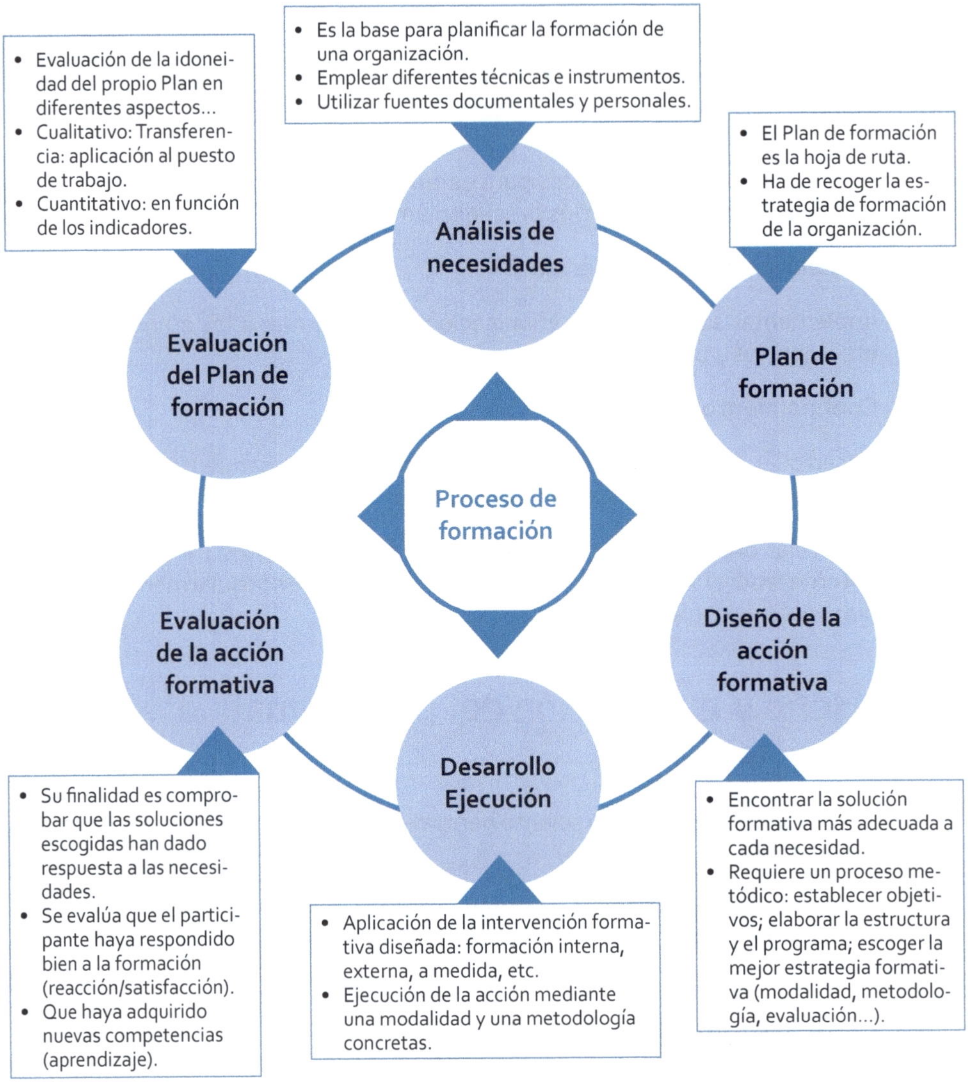

- Evaluación de la idoneidad del propio Plan en diferentes aspectos...
- Cualitativo: Transferencia: aplicación al puesto de trabajo.
- Cuantitativo: en función de los indicadores.

- Es la base para planificar la formación de una organización.
- Emplear diferentes técnicas e instrumentos.
- Utilizar fuentes documentales y personales.

- El Plan de formación es la hoja de ruta.
- Ha de recoger la estrategia de formación de la organización.

Análisis de necesidades

Evaluación del Plan de formación

Plan de formación

Proceso de formación

Evaluación de la acción formativa

Diseño de la acción formativa

Desarrollo Ejecución

- Su finalidad es comprobar que las soluciones escogidas han dado respuesta a las necesidades.
- Se evalúa que el participante haya respondido bien a la formación (reacción/satisfacción).
- Que haya adquirido nuevas competencias (aprendizaje).

- Aplicación de la intervención formativa diseñada: formación interna, externa, a medida, etc.
- Ejecución de la acción mediante una modalidad y una metodología concretas.

- Encontrar la solución formativa más adecuada a cada necesidad.
- Requiere un proceso metódico: establecer objetivos; elaborar la estructura y el programa; escoger la mejor estrategia formativa (modalidad, metodología, evaluación...).

Proceso estándar para la elaboración de un plan de formación
(Fuente Protocolo de implementación de los procesos de planificación y acuerdo.
Mecanismos de mediación y concertación en la planificación de la formación para el empleo).

Es importante destacar que en el Estatuto de los Trabajadores se determina que hay que realizar siempre un plan de formación en los contratos formativos:

- El artículo 11.2.e) establece que *"los centros de formación profesional, las entidades formativas acreditadas o inscritas y los centros universitarios, en el marco de los acuerdos y convenios de cooperación, elaborarán, con la participación de la empresa, los planes formativos individuales donde se especifique el contenido de la formación, el calendario y las actividades y los requisitos de tutoría para el cumplimiento de sus objetivos".*

- El artículo 11.3.f) manifiesta que *"el puesto de trabajo deberá permitir la obtención de la práctica profesional adecuada al nivel de estudios o de formación objeto del contrato. La empresa elaborará el plan formativo individual en el que se especifique el contenido de la práctica profesional, y asignará tutor o tutora que cuente con la formación o experiencia adecuadas para el seguimiento del plan y el correcto cumplimiento del objeto del contrato".*

Al mismo tiempo, en el momento de implementar un plan de formación, las empresas tienen varias alternativas entre las que elegir en función de su presupuesto distinguiendo entre formación bonificada, subvencionada o interna.

Así, en base al presupuesto, distinguimos entre los siguientes tipos de formación:

⇨ La formación bonificada.

Es aquella que se realiza a través de cursos de capacitación gestionados por el Servicio Público de Empleo (SEPE) y la Fundación Estatal para la Formación en el Empleo (FUNDAE).

En este caso, el coste del curso está cubierto por el importe pagado por la empresa a la Seguridad Social por la formación de cada empleado.

⇨ La formación subvencionada.

La formación subvencionada no la imparten las empresas, sino directamente las entidades públicas que imparten cursos específicos para mejorar las habilidades de los empleados.

Lo que pueden hacer las empresas en este caso es informar a sus empleados de que existen estos cursos de formación. También puede proporcionar información sobre cómo acceder a él, cuáles son sus requisitos y a quién contactar si tienen alguna pregunta.

⇨   La formación interna.

La formación interna es fundamental para las empresas que luchan por la innovación y el desarrollo. Lo mismo ocurre con otras que gastan mucho dinero en mejorar el bienestar y las cualidades profesionales de sus empleados.

2.1. Elementos e indicadores que configuran el plan formativo individual. Modelos, sinergias con el centro de formación, en su caso

Elementos e indicadores que configuran el plan formativo individual

La formación debe ser flexible, gratuita, voluntaria y atractiva para fomentar la participación de los empleados sin coerción. En otras palabras, debe entenderse como un favor y no como una imposición.

Además, el plan formativo individual debe ser lo suficientemente flexible para adaptarse a cambios en las circunstancias o necesidades del individuo.

Para que un plan de formación funcione debe responder o seguir pasos predeterminados y su éxito dependerá de cómo se implemente. Veamos las fases que lo componen:

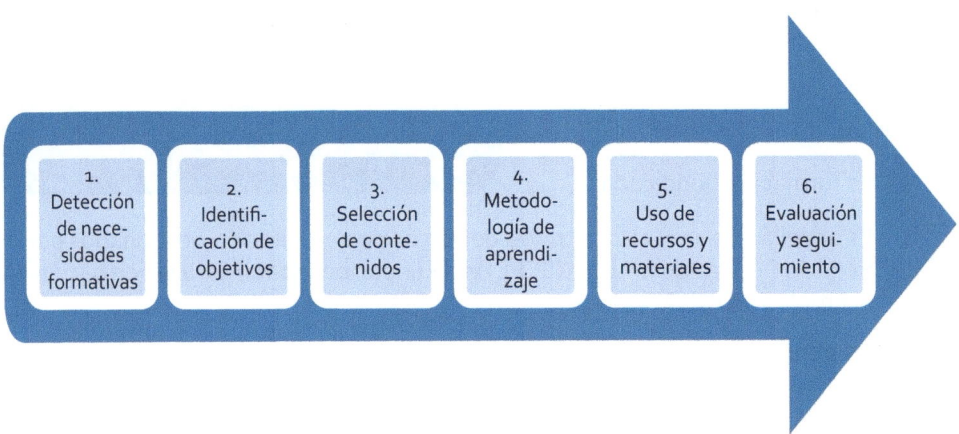

Fases al diseñar y elaborar un plan formativo individual

Analicemos con más detalle cada uno de estos pasos:

1. **Detección de necesidades formativas**

   Resulta necesario identificar las habilidades y competencias necesarias para el desempeño laboral. Por este motivo, se evaluarán las brechas de conocimiento y las habilidades actuales de las personas tutorizadas.

   Para determinar estas necesidades se pueden utilizar métodos como la observación directa, el cuestionario o la entrevista individual.

2. **Identificación de objetivos**

   Hay que definir claramente los objetivos que se quieren lograr con el plan formativo individual y, si es posible, vincularlos con los objetivos o estrategias de la empresa. Los objetivos pueden ser metas educativas, profesionales o de desarrollo personal.

   Igualmente, es imprescindible destacar que estos objetivos deben ser SMART, lo que quiere decir que los objetivos a fijar tienen que ser específicos, medibles, alcanzables, relevantes y con un tiempo de consecución marcado.

3. **Selección de contenidos**

   Resulta fundamental definir los temas, habilidades y conocimientos que el tutorizado necesita adquirir o mejorar.

   También hay que personalizar el contenido en función de las metas y preferencias de la persona tutorizada.

4. **Metodología de aprendizaje**

Se debe elegir la metodología de aprendizaje más adecuada considerando el estilo de aprendizaje de la persona tutorizada.

Así, se tendrá en cuenta el uso de actividades prácticas, ejercicios, etc.

5. **Uso de recursos y materiales**

Hay que identificar los recursos educativos necesarios para la formación, como, por ejemplo, libros, cursos online, tutorías, etc.

Se trata de garantizar el acceso a materiales que se adapten al nivel de competencia y aprendizaje de la persona tutorizada.

6. **Evaluación y seguimiento**

Se trata de monitorear, medir y analizar el plan de formación, ya que, como ocurre con cualquier estrategia empresarial implementada, es importante medir el impacto de sus esfuerzos de capacitación.

Para ello, se deben no solo establecer criterios de evaluación para medir el progreso del tutorizado, sino también programar revisiones regulares para ajustar el plan según sea necesario.

Este periodo es crítico para calcular las tasas de éxito en el diseño e implementación del plan.

En definitiva, el plan de formación debe indicar claramente:

- Los resultados que se deben lograr con cada actividad formativa (por ejemplo, conocimientos que se adquirirán, habilidades que se desarrollarán, actitudes o prácticas que se promoverán, etc.).

- Los indicadores del éxito de la actividad formativa (por ejemplo, cómo sabremos si se han logrado los objetivos de aprendizaje en cada una).

- Una vez que se implemente el contenido del plan de formación, sus supervisores y empleados deben participar en la puesta en práctica de lo que han aprendido.

Modelo de plan formativo individual en contratos de formación

El SEPE establece que, en los contratos formativos que abordamos en la unidad 1, se debe incluir obligatoriamente el texto del plan formativo individual, el cual deberá contener, como mínimo:

1. **Itinerario formativo-laboral**, que concrete los contenidos de la actividad laboral en la empresa a lo largo del contrato, hasta alcanzar el total de funciones o cono-

cimientos necesarios para el desarrollo integral del puesto de trabajo o tareas. Para ello deberán establecerse objetivos medibles e hitos calendarizados.

2. **Mecanismos de coordinación entre la actividad formativa y la actividad en la empresa,** para el seguimiento de los objetivos e hitos integrados en el itinerario formativo-laboral.

3. **Mecanismos de tutoría y supervisión.**

4. **Sistemas de evaluación de la actividad laboral desarrollada.**

MODELO DE PLAN INDIVIDUAL DE FORMACIÓN EN EL HOSPITAL UNIVERSITARIO RAMÓN Y CAJAL DE MADRID

UNIDAD DE DOCENCIA

MODELO DE PLAN INDIVIDUAL DE FORMACIÓN

(APROBADO EN COMISIÓN DE DOCENCIA ACTA 08/13)

1. Periodicidad para su revisión / actualización: al comienzo de cada año de residencia

2. Responsable: el tutor del residente*

3. Contenido:
♦ Rotaciones (con objetivos, conocimientos, habilidades y actitudes)
♦ Sesiones
♦ Guardias
♦ Actividades de investigación
♦ Otras actividades formativas genéricas para cada residente

4. Entrega al residente:
♦ R1: lo entrega la Unidad de Docencia a su incorporación
♦ Resto de años: el tutor entrega la actualización

5. Custodia: por la Unidad de Docencia, en el expediente del residente

* La Unidad de Docencia aportará el calendario de rotaciones de los R1, así como de las guardias de Urgencias y Medicina Interna, para que pueda ser incluido

Hospital Universitario Ramón y Cajal
Unidad de Docencia
Jefatura de Residentes
Ctra. de Colmenar Viejo Km. 9,100
28034 Madrid
Tel: 91 336 8733 www.hrc.es
jeferesidentes.hrc@salud.madrid.org

Sinergias con el centro de formación

La RAE define el concepto sinergia como aquella *"acción de dos o más causas cuyo efecto es superior a la suma de los efectos individuales"*.

Las sinergias con el centro de formación se refieren a la colaboración y cooperación entre diferentes entidades o individuos para lograr objetivos comunes relacionados con la educación y la formación.

Esta colaboración efectiva con el centro de formación es esencial para garantizar el éxito del plan y el desarrollo integral del individuo.

Algunas sinergias son las siguientes:

Sinergias con el centro de formación

Profundicemos en estas sinergias:

⇨ **Colaboración estrecha**

Debe existir una comunicación regular entre el estudiante/tutorizado y el personal del centro de formación para ajustar el plan según las necesidades.

Con un plazo prefijado, se realiza una reunión entre los responsables de la empresa y el profesorado del centro de formación para evaluar el progreso del aprendizaje del alumno. También se revisará la programación y se evaluará el progreso de los estudiantes.

Si los estudiantes realizan múltiples funciones durante el aprendizaje, los tutores deben recopilar y reunir toda la información de cada responsable que tenga el alumno, ya que los tutores son los responsables de monitorear y comunicarse con el centro de formación.

Igualmente pueden existir colaboraciones del centro de formación con otras instituciones educativas, como colegios, universidades o centros de investigación. Estas asociaciones pueden incluir intercambio de recursos, compartir conocimientos y desarrollar programas educativos conjuntos.

⇨ **Acceso a recursos del centro**

Utilizar instalaciones, bibliotecas y laboratorios del centro de formación para mejorar la calidad del aprendizaje.

⇨ **Desarrollo profesional del personal**

Colaborar con instituciones especializadas en el desarrollo profesional puede ayudar a mantener actualizados los conocimientos y habilidades del personal docente o administrativo, lo que, a su vez, beneficia a los estudiantes.

⇨ **Mentoría y tutoría**

Facilitar la conexión con mentores o tutores en el centro de formación para obtener orientación y apoyo.

⇨ **Evaluación conjunta**

Coordinar la evaluación del progreso entre el aprendiz y el personal del centro de formación para garantizar la eficacia del plan.

⇨ **Programas integrados**

Es común que los centros de formación colaboren con empresas y la industria para garantizar que los programas de estudio estén alineados con las necesidades del mercado laboral.

De igual forma, el tutor, por ser personal docente, deberá conocer oportunamente el contenido de la formación que ofrece el centro de formación y los logros profesionales realizados en la empresa.

También, es muy importante diseñar y programar las actividades que los estudiantes deben realizar en la empresa y darle importancia a su itinerario formativo.

2.2. Descripción del trabajo a desempeñar en la empresa por la persona tutorizada

La descripción del trabajo a desempeñar por la persona tutorizada en una empresa es un documento que detalla las responsabilidades, tareas y expectativas asociadas al puesto que ocupará el empleado bajo la tutela de un tutor o mentor. Esta descripción es crucial para proporcionar claridad y orientación tanto al tutor como al empleado en formación.

Algunos elementos clave que suelen incluirse en una descripción del trabajo son los siguientes:

Elementos incluidos en la descripción de trabajo

Abordemos cada uno de ellos:

1. **Título del puesto**

   Define el nombre oficial del puesto que la persona tutorizada ocupará.

2. **Resumen del puesto**

   Proporciona una breve visión general del rol, destacando las responsabilidades principales y el propósito del puesto.

3. **Objetivos y metas**

   Especifica los objetivos y metas que se esperan que la persona tutorizada alcance durante su tiempo en el puesto.

4. **Responsabilidades principales**

   Detalla las tareas y funciones específicas que el empleado deberá llevar a cabo regularmente.

5. **Requisitos del puesto**

   Enumera las habilidades, conocimientos y cualificaciones necesarios para desempeñar el trabajo de manera efectiva.

6. **Relaciones laborales**

   Indica con quiénes la persona tutorizada deberá colaborar o interactuar regularmente dentro y fuera de la empresa.

7. **Desarrollo profesional**

   Menciona oportunidades de desarrollo profesional, como capacitaciones, cursos o proyectos especiales, que podrían beneficiar al empleado durante su tiempo en el puesto.

8. **Supervisión y evaluación**

   Especifica cómo se llevará a cabo la supervisión y evaluación del desempeño, así como cualquier métrica o indicador clave de rendimiento que se utilizará.

9. **Proceso de retroalimentación**

   Establece cómo se dará la retroalimentación al tutorizado, cuándo y con qué frecuencia se llevarán a cabo evaluaciones de desempeño.

10. **Condiciones laborales**

    Incluye detalles sobre el horario de trabajo, beneficios, políticas de la empresa y cualquier otra información relevante sobre las condiciones laborales.

11. **Expectativas de conducta**

Define las expectativas de comportamiento, ética y profesionalidad que se esperan del empleado.

2.3. Configuración del itinerario formativo-laboral: objetivos, resultados de aprendizaje, duración de la estancia y cronograma de actividades en la empresa

Un itinerario formativo es una estrategia a largo plazo que incluye un conjunto de recomendaciones y actividades académicas que conducen a mejoras en la capacitación de los empleados en uno o más campos profesionales específicos. Es necesario destacar que el itinerario es un elemento clave en cualquier plan de formación corporativo.

 **Definición de itinerario formativo según el INAP.**

En el ámbito de las Administraciones Públicas, el Instituto Nacional de Administración Pública (INAP) define un itinerario formativo como *"un conjunto programado y ordenado de actividades formativas que desarrollan la competencia o competencias profesionales necesarias para el desempeño adecuado de un determinado puesto de trabajo en la Administración Pública"*.

Los itinerarios formativos especifican objetivos, contenidos y procedimientos, aunque la decisión final a menudo se deja en manos de los empleados, los cuales pueden elegir entre una variedad de opciones para completar la capacitación. En los últimos años, muchos itinerarios formativos se han apoyado en las capacidades del e-Learning con una filosofía de formación continua.

Planes formativos de la Administración Pública

En la Administración Pública se crean planes formativos que persiguen los siguientes objetivos:

- Especializar la provisión de puestos de trabajo en las Administraciones Públicas.
- Elegir según los requerimientos específicos de cada puesto de trabajo.
- Diseñar procesos de aprendizaje y desarrollo de carrera administrativa basados en competencias.
- Avanzar en la certificación de competencias.
- Garantizar objetivamente la movilidad entre Administraciones Públicas.

Itinerario formativo del Aula Mentor

El Aula Mentor es un sistema de formación abierta, libre y a través de Internet promovido por el Ministerio de Educación y Formación Profesional de España.

En el Aula Mentor ofrecen cursos incluidos dentro de itinerarios formativos como conjuntos de unidades de formación cuya consecución permite conseguir el reconocimiento de una unidad de competencia.

Objetivos

En líneas generales, los objetivos del itinerario formativo-laboral son:

▶ Promover una visión integral de la carrera profesional identificando los objetivos de aprendizaje que se deben alcanzar para avanzar dentro de la empresa.

▶ Incrementar la motivación y el compromiso de los empleados.

▶ Facilitar el seguimiento y evaluación del trabajo de los líderes de equipo.

▶ Desarrollar competencias profesionales, como, por ejemplo, habilidades blandas, tales como el trabajo en equipo, la comunicación efectiva, el liderazgo y la resolución de problemas, que son esenciales en cualquier entorno laboral.

▶ Mantener a los trabajadores al tanto de las últimas tendencias, tecnologías y prácticas en su industria para asegurar su relevancia y eficiencia en el mercado laboral.

▶ Contribuir a la inclusión social y laboral de personas con barreras para el empleo, tales como discapacidades o pertenecer a minorías étnicas, o personas en riesgo de exclusión.

Resultados de aprendizaje

En el itinerario formativo hay que especificar los logros concretos que se espera que el participante alcance al finalizar su itinerario. De esta forma, los resultados de aprendizaje son formulados por los diseñadores del programa de formación y sirven como criterios medibles para evaluar el éxito de los participantes en la adquisición de habilidades y conocimientos necesarios para su éxito en el ámbito laboral.

Ejemplos de resultados de aprendizaje a incluir en el itinerario formativo-laboral

- **Habilidades o conocimientos técnicos:** conocimiento de las tecnologías, herramientas o procesos específicos relacionados con el sector laboral en cuestión.
- **Habilidades prácticas:** destrezas necesarias para llevar a cabo tareas específicas en el entorno laboral, como el manejo de equipos, la solución de problemas o la aplicación de técnicas específicas.
- **Competencias blandas (*soft skills*):** habilidades interpersonales y habilidades blandas, como comunicación efectiva, trabajo en equipo, gestión del tiempo y resolución de conflictos.
- **Competencias profesionales:** competencias específicas requeridas para desempeñarse eficazmente en el trabajo, como toma de decisiones, liderazgo, adaptabilidad y capacidad para aprender de manera continua.
- **Capacidad de adaptación:** capacidad de adaptarse a cambios en el entorno laboral, como nuevas tecnologías, procedimientos o leyes.
- **Ética laboral y responsabilidad:** comprender y aplicar principios éticos y demostrar responsabilidad en el desempeño de las tareas laborales.

Duración de la estancia

Es necesario definir el periodo de tiempo durante el cual el participante estará inmerso en la experiencia formativa-laboral. Esto puede variar desde unas pocas semanas hasta varios meses, dependiendo de la naturaleza del programa de formación.

Cronograma de actividades en la empresa

Se debe establecer un plan detallado de las actividades que el participante llevará a cabo durante su estancia en la empresa. Esto puede incluir rotaciones por diferentes departamentos, proyectos específicos, formación dirigida, tutorías y evaluaciones periódicas.

Es necesario destacar que el cronograma debe ser flexible y adaptarse a las necesidades específicas del participante y la empresa. Igualmente, la comunicación abierta entre el tutor y el participante es clave para garantizar un proceso de aprendizaje efectivo.

Propuesta de itinerario formativo
En el siguiente gráfico se muestra una propuesta de itinerario formativo, realizado por Forem-A, en el que se fija formación teórica o práctica dependiendo del nivel básico o de profundización en el que se encuentre cada candidato.

Propuesta de itinerario formativo

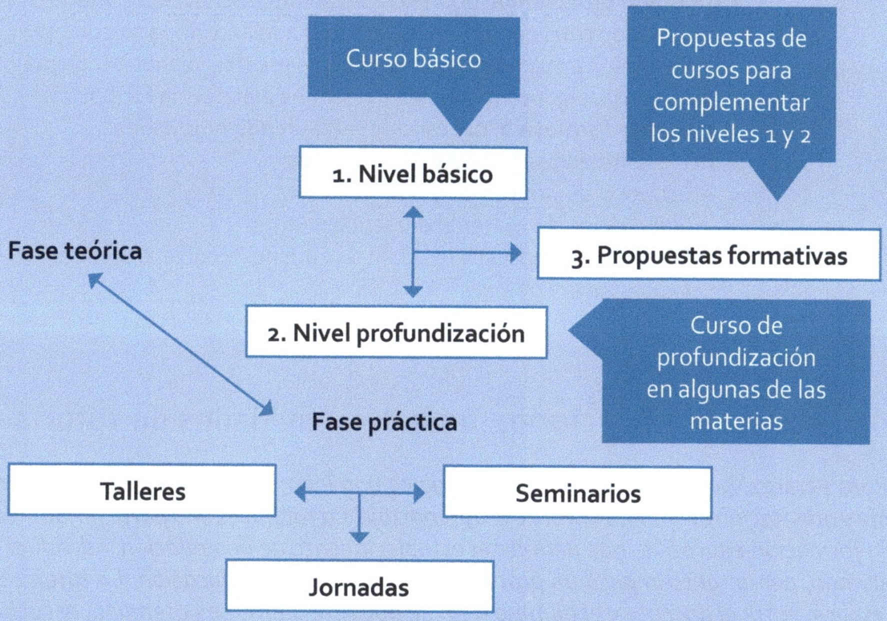

Curso básico

Propuestas de cursos para complementar los niveles 1 y 2

1. Nivel básico

Fase teórica

3. Propuestas formativas

2. Nivel profundización

Curso de profundización en algunas de las materias

Fase práctica

Talleres

Seminarios

Jornadas

Propuesta de itinerario formativo (Fuente Itinerario Formativo para trabajadores/as realizado por Forem-A)

 **¿Cómo sería el itinerario formativo-laboral de un estudiante del Certificado de Profesionalidad de Docencia de la Formación Profesional para el Empleo?**

El aspirante a docente es **Técnico Superior en el Desarrollo de Aplicaciones Informáticas** y tiene una experiencia profesional de 6 años como Analista Programador. Es muy sociable y apasionado de las nuevas tecnologías. También le gusta ayudar a otras personas y tiene interés en seguir formándose.

Al elaborar su itinerario formativo-laboral tendré en cuenta los siguientes aspectos:

- **Objetivo profesional**: trabajar como docente en cursos de formación.
- **Perfil profesional**: es Técnico Superior en el Desarrollo de Aplicaciones Informáticas con 6 años de experiencia como Analista Programador. Le gusta relacionarse y ayudar a otras personas. Le apasiona el mundo de las nuevas tecnologías y está dispuesto a seguir aprendiendo.
- **Itinerario profesional**: podría empezar impartiendo algún módulo relacionado con la informática para más adelante impartir cursos completos. También sería recomendable escribir, cuando tenga más experiencia, algunos manuales y crear una plataforma formativa.
- **Itinerario formativo**: necesita seguir aprendiendo y sería interesante que se formara en tres **áreas**:
  - Grupos y dinámicas de grupos.
  - Elaboración de material didáctico.
  - Plataformas y aplicaciones para e-Learning (Moodle, por ejemplo).

2.4. Planificación y cronograma de actividades de tutoría

Para Álvarez Vallina, N. (2010): *"La tutoría es una labor de acompañamiento permanente y orientación al alumno durante el aprendizaje. La tutoría es una parte fundamental de la formación educativa, que permite el establecimiento de una relación individual con el alumno, por lo tanto implica un proceso individualizado de educación. La tutoría crea un espacio entre el docente y el alumno a fin de que este último sea atendido, escuchado y orientado en relación a diferentes aspectos de su vida personal, poniendo especial atención a sus necesidades afectivas. Es un servicio que complementa la acción educativa; apoyando las acciones realizadas por las diferentes áreas curriculares y asignaturas en su tarea de promover el logro y desarrollo de las competencias básicas en los alumnos".*

Tutoría en el ámbito académico

En el ámbito académico, por ejemplo, la tutoría se basa en la mentoría. La tutoría es un método de liderazgo adecuado para la formación de nuevos profesores. Este tipo de orientación es muy diferente a brindar orientación académica o profesional a los estudiantes.

De esta forma, los mentores son docentes con experiencia docente e investigadora que desempeñan tres funciones:

a) Orientar la experiencia de enseñanza y aprendizaje de los nuevos docentes.

b) Dirige la integración de departamentos o facultades en grupos de investigación.

c) Los orienta en la toma de las decisiones que deben tomar como profesionales.

La planificación y el cronograma de actividades de tutoría son aspectos fundamentales para garantizar el éxito de un programa de tutoría.

Veamos cada una de ellas.

Planificación de tutoría

La planificación de tutorías se refiere al proceso de organización y programación de sesiones de tutoría con el objetivo de brindar orientación y apoyo personalizado a los estudiantes/tutorizados. Estas tutorías pueden tener lugar en diversos contextos, como, por ejemplo, en instituciones educativas, programas académicos o entornos laborales.

La planificación de tutorías implica la preparación cuidadosa de sesiones para abordar las necesidades específicas de los estudiantes y promover su desarrollo académico, personal o profesional.

Algunos **elementos claves en la planificación de tutorías** son:

1. Definir objetivos

2. Identificar necesidades

3. Seleccionar estrategias

4. Identificar recursos y materiales

5. Crear canal de comunicación

6. Evaluar

Analicemos detalladamente cada uno de estos elementos:

1. **Definir objetivos**

   Establecer metas claras para cada sesión de tutoría, teniendo en cuenta las necesidades individuales de los tutorizados. Estos objetivos pueden incluir mejorar el rendimiento académico, desarrollar habilidades específicas, abordar preocupaciones personales o planificar metas a corto o a largo plazo.

2. **Identificar necesidades**

   Entender las necesidades y desafíos particulares de cada estudiante. Esto puede involucrar la revisión de sus logros académicos, la identificación de áreas de mejora y la consideración de factores personales que puedan afectar su desempeño.

3. **Seleccionar estrategias**

   Hay que desarrollar un plan estructurado para abordar los temas identificados durante la tutoría. Se pueden incluir pasos específicos, tareas a realizar entre sesiones y la asignación de responsabilidades tanto al tutor como al estudiante.

4. **Identificar recursos y materiales**

Resulta necesario elegir actividades y recursos que apoyen los objetivos de la tutoría en función de las necesidades identificadas. Esto podría incluir la preparación de materiales educativos, la búsqueda de recursos relevantes y la planificación de ejercicios prácticos.

5. **Crear canal de comunicación**

Al establecer un canal de comunicación claro y regular entre tutores y tutorizados se consigue que la comunicación fluya rápidamente entre ambos.

6. **Evaluar**

Al incorporar mecanismos para evaluar el progreso del tutorizado y proporcionar retroalimentación de forma constructiva se persigue ajustar el plan de tutoría según sea necesario y asegurarse de que se están logrando los objetivos establecidos.

El hecho de obtener retroalimentación por parte de la persona tutorizada será fundamental para llevar a cabo la tutorización exitosamente.

Cronograma de actividades de tutorías

Un cronograma de actividades de tutorías es un documento que organiza y planifica las diferentes actividades y sesiones de tutoría que se llevarán a cabo a lo largo de un periodo específico. Estas tutorías pueden ser parte de un programa académico, de orientación o de apoyo personal.

El objetivo principal de un cronograma de actividades de tutorías es proporcionar una estructura organizada para asegurar que todas las sesiones de tutoría y las actividades relacionadas se lleven a cabo de manera efectiva y eficiente.

Algunos **elementos clave que se suelen incluir en un cronograma de actividades de tutorías** son los siguientes:

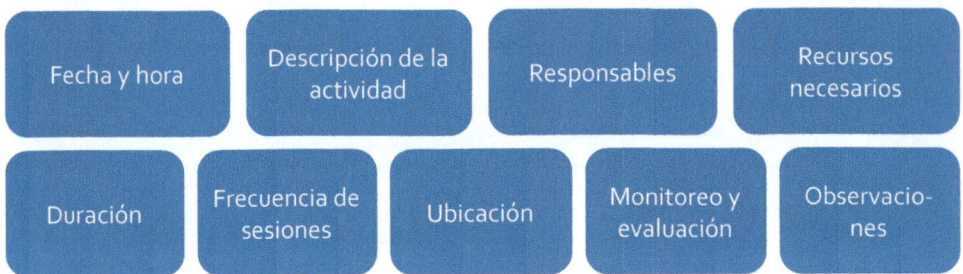

Veamos cada uno de ellos con más detalle:

- **Fecha y hora:** se indica cuándo se llevará a cabo cada sesión de tutoría. Esto permite a los participantes y tutores planificar con anticipación.

- **Descripción de la actividad:** se explica la naturaleza de la actividad o sesión de tutoría. Puede incluir temas a tratar, objetivos a alcanzar y métodos de enseñanza.

- **Responsables:** se señala quiénes serán los tutores a cargo de cada sesión. Esto ayuda a distribuir responsabilidades y asegurar que haya personal adecuado para cada actividad.

- **Recursos necesarios:** se enumera cualquier material, equipo o recursos que se necesitarán para llevar a cabo la actividad. Esto permite una preparación adecuada.

- **Duración:** se especifica la duración estimada de cada sesión. Esto ayuda a planificar el tiempo y garantiza que se cubran todos los temas previstos.

- **Frecuencia de sesiones:** se determina la frecuencia de las sesiones de tutoría ajustando el cronograma según la disponibilidad del tutorizado y el tutor.

- **Ubicación:** se indica dónde se llevará a cabo cada actividad. Puede ser útil para asegurar que todos los participantes sepan dónde deben estar.

- **Monitoreo y evaluación:** se programan sesiones regulares de seguimiento y evaluación del progreso, siempre ajustando el enfoque según las necesidades cambiantes del estudiante.

- **Observaciones:** se incluye cualquier información adicional relevante, como requisitos previos o instrucciones específicas.

En definitiva, el cronograma de actividades de tutorías es una herramienta valiosa para mantener la consistencia y la coherencia en el proceso de tutoría, facilitando la comunicación entre tutores y participantes. Además, ayuda a garantizar que se aborden todos los aspectos importantes del programa de tutoría y que se cumplan los objetivos establecidos.

Programa de Tutorización y Mentoría Avanzado de la Cámara de Comercio de Gran Canaria

https://www.camaragrancanaria.org/es/area-1/programa-de-tutorizacion-y-mentoria-avanzado

En la Cámara de Comercio de Gran Canaria ofrecen este programa especializado de Acompañamiento e Impulso empresarial, aplicado al Modelo Estrategias y Planes de Negocio, y que se centra en los procesos de Revisión del Funcionamiento de la empresa o negocio, diagnóstico y evaluación, para alcanzar el posicionamiento, la consolidación y el crecimiento en el mercado.

Está destinado a proyectos empresariales (sociatarios, empresarios/as individuales) y profesionales, cuya actividad tenga una actividad de más de un año y hasta los tres desde su alta o constitución.

Este programa es un conjunto de actividades que activa individualmente los factores clave de éxito de cada proyecto o empresa, contribuye al desarrollo de modelos en el mercado y comparte el saber-hacer (*know-how*) en este mercado. Para ello sus acciones se estructuran de la siguiente forma:

- Sesiones Grupales de Transferencia (Mentoría Abierta de Negocios).
- Sesiones Grupales de Entrenamiento (Habilidades en Dirección de Empresa).
- Sesiones Grupales de Laboratorio (Puesta en común de iniciativas-colaboración).
- Sesiones Individuales de Transferencia (Mentoría Específica).
- Sesiones Individuales de Coaching (Planificación y Metas Estratégicas).

 **Cronograma de actividades de tutorías de la primera semana de trabajo**

Volviendo al caso de nuestro estudiante del curso de Docencia, vamos a ver cómo sería el cronograma de actividades de tutorías para su primera semana de trabajo como persona tutorizada en una empresa.

	CRONOGRAMA PRIMERA SEMANA				
	Lunes	**Martes**	**Miércoles**	**Jueves**	**Viernes**
Actividad	Conocimiento inicial y establecer objetivos	Observación y familiarización con el entorno	Participación en clases y actividades	Desarrollo de materiales didácticos	Evaluación y planificación futura
9-9.30	Bienvenida y presentación de la empresa	Observación de clases y actividades educativas	Co-enseñanza con un profesor experimentado	Diseño de materiales educativos	Evaluación del desempeño del estudiante y discusión sobre logros y desafíos
9.30-10	Revisión de los objetivos del curso y discusión sobre expectativas del estudiante				
10-10.30					
10.30-11	Tour por las instalaciones y presentación de principales compañeros	Reunión para discutir las observaciones y hacer preguntas	Retroalimentación sobre la participación y discusión sobre áreas de mejora	Revisión y retroalimentación sobre materiales desarrollados	Establecer metas para la próxima semana y desarrollo de un plan de acción
11-11.30					

	CRONOGRAMA PRIMERA SEMANA				
	Lunes	Martes	Miércoles	Jueves	Viernes
11.30-12 / 12-12.30		Sesión de orientación sobre las herramientas y recursos disponibles en la empresa	Preparación para futuras lecciones y actividades	Planificación de uso de materiales en futuras clases	Sesión de retroalimentación final y cierre de la semana

2.5. Coordinación de la actividad del centro formativo y de la empresa: la complementariedad de las competencias y conocimientos básicos que se adquieren en el centro de formación y en la empresa

Por un lado, la **coordinación de la actividad entre un centro formativo y una empresa** es esencial para garantizar una formación efectiva y la adquisición de habilidades prácticas relevantes.

Y **algunos aspectos clave a considerar** son:

1 Diseño curricular colaborativo

2 Prácticas profesionales

3 Mentoría y tutoría

4 Actualización constante de contenidos

5 Evaluación conjunta

6 *Feedback* bidireccional

7 Desarrollo de habilidades blandas (*soft skills*)

Analicemos cada uno de estos aspectos:

1. **Diseño curricular colaborativo**

    Es importante que el centro de formación y la empresa colaboren en el diseño del plan de estudios. Esto asegura que los programas de formación incluyan tanto aspectos teóricos como prácticos que son pertinentes para las necesidades reales del mercado laboral.

2. **Prácticas profesionales**

    Facilitar oportunidades para que los estudiantes realicen prácticas profesionales en la empresa es crucial. Esto les permite aplicar los conocimientos teóricos adquiridos en el centro de formación en un entorno laboral real, desarrollando habilidades prácticas y familiarizándose con la cultura empresarial.

3. **Mentoría y tutoría**

    Establecer programas de mentoría que conecten a los estudiantes con profesionales de la empresa es muy beneficioso. Los mentores pueden guiar a los estudiantes, proporcionar información sobre la industria y ofrecer perspectivas valiosas sobre las habilidades y competencias necesarias para tener éxito.

4. **Actualización constante de contenidos**

    La colaboración entre el centro de formación y la empresa debe ser continua. Ambas partes deben mantenerse actualizadas sobre las tendencias del mercado y los avances en la industria para adaptar y mejorar constantemente los programas de formación.

5. **Evaluación conjunta**

    Desarrollar métodos de evaluación que reflejen tanto las habilidades teóricas como las prácticas. La empresa puede proporcionar información valiosa sobre las competencias necesarias en el lugar de trabajo, lo que ayuda a ajustar los métodos de evaluación del centro de formación.

6. ***Feedback* bidireccional**

    Fomentar un flujo constante de retroalimentación entre la empresa y el centro de formación es esencial. Esto permite ajustar y mejorar los programas de formación para que estén alineados con las expectativas y necesidades del empleador.

7. **Desarrollo de habilidades blandas (*soft skills*)**

    Además de las habilidades técnicas, es importante enfocarse en el desarrollo de habilidades blandas, como la comunicación efectiva, el trabajo en equipo y la resolución de problemas. Estas habilidades son esenciales en cualquier entorno laboral y complementan las competencias técnicas adquiridas en el centro de formación.

Por otro lado, la **complementariedad de competencias y conocimientos básicos** se refiere a la sinergia y la mejora mutua entre las habilidades y el conocimiento adquiridos tanto en un centro de formación como en el entorno laboral de una empresa. Esta idea sugiere que la formación académica y la experiencia práctica en el lugar de trabajo se complementan entre sí, creando un conjunto integral de habilidades y conocimientos que benefician al individuo y a la organización.

En un centro de formación, los individuos suelen adquirir conocimientos teóricos, fundamentos conceptuales y habilidades generales relacionadas con su campo de estudio. Estas habilidades y conocimientos básicos proporcionan una base sólida para comprender los principios fundamentales de la disciplina.

Por ende, la experiencia en el entorno laboral de una empresa brinda la oportunidad de aplicar esos conocimientos teóricos a situaciones del mundo real. La interacción con compañeros, clientes y desafíos específicos del trabajo contribuye al desarrollo de habilidades prácticas, toma de decisiones y resolución de problemas.

La complementariedad se produce cuando las competencias y conocimientos adquiridos en el centro de formación se aplican y refuerzan en el contexto empresarial. La teoría se convierte en práctica, y la práctica a menudo lleva a una comprensión más profunda de los conceptos aprendidos. Del mismo modo, las habilidades prácticas desarrolladas en la empresa pueden retroalimentar y enriquecer la formación teórica, proporcionando ejemplos concretos y experiencias aplicadas.

En resumen, la complementariedad de competencias y conocimientos básicos implica una integración armoniosa de la formación académica y la experiencia laboral, creando profesionales más capacitados y adaptados a los desafíos del mundo laboral.

2.6. Realización del proceso de seguimiento y evaluación del aprendizaje en la empresa

La realización del proceso de seguimiento y evaluación del aprendizaje en una empresa es esencial para garantizar que los programas de formación sean efectivos y cumplan con los objetivos establecidos al igual que para implementar planes de mejora.

Durante la actividad del estudiante en la empresa se evalúan constantemente aspectos individuales que afectan al aprendiz, así como aspectos globales que afectan a los procesos y al propio sistema de formación profesional.

De esta forma, el tutor de la empresa coordina las actividades de los estudiantes en el lugar de trabajo y proporciona informes de evaluación de las habilidades profesionales de los estudiantes.

Evaluación de un alumno que cursa formación profesional dual

En la formación profesional dual, la evaluación del aprendizaje de los estudiantes es continua y formativa y se realiza en base a módulos especializados. Así, la evaluación del estudiante es responsabilidad de los profesores del módulo especializado del centro de formación, teniendo en cuenta las aportaciones de los tutores de empresa y los resultados de las actividades realizadas en los informes emitidos por los tutores de empresa. Estos incluyen los resultados del seguimiento en los centros educativos y de otras actividades que puedan acordarse entre estudiantes, centros de formación y empresas.

A la hora de conseguir información sobre el aprendizaje en la empresa se suelen utilizar encuestas dirigidas a los colectivos que forman parte de la formación, en este caso, estudiantes y tutores de empresas.

Elementos de estudio incluidos en los cuestionarios en prácticas de la UNED

En la siguiente tabla se muestran los elementos que se incluyen en cuestionarios de evaluación, tanto desde la perspectiva de los alumnos tutorizados como desde las empresas:

	Análisis y valoración de las prácticas			
	Datos de identificación	Etapa previa	Durante	Etapa posterior
Alumnos	• Personales • Académicos • Profesionales • Valoración de las propias capacidades	• Consecución de las prácticas • Proceso de selección • Condiciones teóricas del convenio	• Condiciones reales del convenio • Relación con el tutor de la empresa • Relación con el tutor del COIE • Incidencias	• Certificación • Relación posterior con la empresa • Valoración de las prácticas • Aprendizaje • Seguimiento • Satisfacción • Propuestas
Empresas	• Características de la empresa • Puestos para los que se ofrecen prácticas	• Conocimiento previo de los convenios • Motivación para la firma de convenios • Captación de alumnos • Proceso de selección • Valoración de la labor del COIE como mediador	• Valoración del alumno • Conocimientos • Competencias • Desempeño • Desenvoltura social • Valoración de la relación con el COIE	• Valoración de las prácticas • Valoración de la relación con el COIE • Propuestas

Fuente: Ballesteros Velázquez, B., Manzano Soto, N. y Moriano, J. A. (2001). Seguimiento y evaluación en la UNED del sistema de prácticas de los alumnos en empresas

117

Algunos aspectos clave que resumen lo que hemos visto en esta unidad sobre seguimiento y evaluación son los siguientes:

1. **Definición de objetivos de aprendizaje**

   Ya hemos visto cómo antes de implementar cualquier plan de formación, es crucial establecer objetivos claros y medibles y también que estos objetivos deben alinearse con las metas estratégicas de la empresa.

2. **Diseño de indicadores de desempeño**

   Identificar indicadores clave de desempeño (KPI) que permitan medir el éxito del plan de formación. Estos indicadores pueden incluir tasas de retención de conocimientos, mejoras en habilidades específicas, etc.

3. **Implementación del plan de formación**

   Ejecutar el plan de formación de acuerdo con el plan establecido. Utilizar métodos de enseñanza que se adapten a las necesidades de los tutorizados y a los objetivos de aprendizaje.

4. **Recopilación de datos**

   Utilizar diversas herramientas para recopilar datos durante y después del programa de formación. Esto puede incluir encuestas, pruebas, evaluaciones de desempeño y retroalimentación directa de los participantes.

5. **Seguimiento continuo**

   Implementar un sistema de seguimiento continuo para monitorear el progreso de los tutorizados en relación con los objetivos de aprendizaje. Esto puede incluir reuniones periódicas, informes de progreso y evaluaciones regulares.

6. **Retroalimentación y ajustes**

   Recopilar retroalimentación tanto de los participantes como de los supervisores. Utilizar esta retroalimentación para realizar ajustes necesarios en el programa de formación y mejorar su efectividad.

7. **Evaluación del impacto**

    Evaluar el impacto del plan de formación en términos de mejora del desempeño laboral, aumento de la productividad y logro de los objetivos empresariales. Y sin olvidarse de comparar los resultados con los KPI establecidos.

8. **Informe y comunicación**

    Comunicar los resultados a todas las partes interesadas relevantes, proporcionando informes detallados sobre el rendimiento y los logros alcanzados.

9. **Mejora continua**

    Utilizar los resultados de la evaluación para realizar mejoras continuas en futuros planes de formación. La retroalimentación y la experiencia acumulada deben alimentar el diseño y la implementación de futuros programas formativos.

10. **Utilización de tecnología**

    Incorporar herramientas y tecnologías que faciliten la recopilación y el análisis de datos, como plataformas de aprendizaje online, software de gestión de aprendizaje (LMS) y sistemas de seguimiento del desempeño.

    La implementación exitosa de estos pasos contribuirá a un proceso efectivo de seguimiento y evaluación del aprendizaje en la empresa.

Plantilla de evaluación del tutor de Empresa

Se muestra plantilla de evaluación a rellenar por el tutor de empresa para enviar al tutor de la Universidad de Valencia una vez los estudiantes han finalizado las prácticas:

VNIVERSITAT ID VALÈNCIA Facultat de Dret   VNIVERSITAT ID VALÈNCIA Facultat d'Economia

EVALUACIÓN TUTOR EMPRESA

EVALUACIÓN TUTOR EMPRESA

Prácticas en Empresas
ADE-Derecho

Empresa:
Apellidos y nombre del tutor:
Cargo en la empresa:
Apellidos y nombre del estudiante:

Su colaboración para una correcta evaluación de nuestro estudiante es fundamental. Le pedimos que por favor cumplimente la siguiente plantilla de evaluación y la haga llegar directamente al Tutor de la Universidad.

	Ns/Nc	← Muy en desacuerdo ①	②	③	④	Muy de acuerdo → ⑤
- Actitud hacia el aprendizaje	☐	☐	☐	☐	☐	☐
- Interés por la mejora del trabajo	☐	☐	☐	☐	☐	☐
- Integración con el resto de personal	☐	☐	☐	☐	☐	☐
- Puntualidad	☐	☐	☐	☐	☐	☐
- Iniciativa	☐	☐	☐	☐	☐	☐
- Aplicación de conocimientos	☐	☐	☐	☐	☐	☐
- Responsabilidad	☐	☐	☐	☐	☐	☐

Comentarios:

Fecha:

Para remitir preferentemente por correo electrónico al tutor de la Universidad, en el plazo máximo de 10 días desde la finalización de la práctica

---

Fuente: GUÍA PARA LA TUTORÍA DE LAS
"PRÁCTICAS EN EMPRESAS"

Plantilla de informe periódico del estudiante

Se muestra plantilla de informe a rellenar por el estudiante para enviar al tutor de la Universidad de Valencia una vez han finalizado las prácticas:

VNIVERSITAT ʙ VALÈNCIA Facultat de Dret · LVE · VNIVERSITAT ʙ VALÈNCIA Facultat d'Economia

INFORME PERIÓDICO DEL ESTUDIANTE

INFORME PERIÓDICO DEL ESTUDIANTE

**Prácticas en Empresas
ADE-Derecho**

Apellidos:	Nombre:
Titulación:	Empresa:
Fecha:	

A lo largo del pasado mes, indica cual ha sido tu experiencia en la empresa en los siguientes ámbitos:

Actividades realizadas

Decisiones tomadas

Capacidades desarrolladas

Responsabilidades asumidas

Aplicación de conocimientos adquiridos en la carrera

Problemas

Comentarios

Para remitir por correo electrónico al tutor de la Universidad.

Fuente: GUÍA PARA LA TUTORÍA DE LAS "PRÁCTICAS EN EMPRESAS"

Resumen

La implementación exitosa de un protocolo de acogida en la empresa, especialmente cuando se incluye la tutorización, contribuye significativamente a la retención de talento, la satisfacción del empleado y el rendimiento laboral.

La proyección empresarial se centra en el futuro y en la planificación estratégica, el organigrama se enfoca en la estructura organizativa actual y cómo se distribuyen las responsabilidades y la autoridad en la empresa. Ambos son elementos esenciales para el funcionamiento y el desarrollo exitoso de una organización.

Es importante que las instituciones educativas implementen medidas preventivas, proporcionen capacitación en seguridad laboral y establezcan políticas para minimizar estos riesgos y garantizar un entorno laboral seguro y saludable para todos los trabajadores en el sector formativo.

La evaluación de la estancia en la empresa de las personas tutorizadas es un proceso crucial para medir su desempeño, progreso y aprendizaje durante su periodo en la organización.

El diseño y elaboración del plan formativo individual es un proceso importante en el ámbito educativo y profesional. Este plan se centra en el desarrollo y crecimiento de una persona en términos de habilidades, conocimientos y competencias.

Igualmente, una descripción del trabajo bien elaborada es esencial para garantizar que tanto la persona tutorizada como el tutor tengan una comprensión clara de lo que se espera y puedan trabajar juntos de manera efectiva para alcanzar los objetivos establecidos.

Por último, la planificación y el cronograma de actividades de tutoría deben ser flexibles y adaptarse a las necesidades individuales de cada estudiante. La comunicación abierta y la colaboración son claves para el éxito de cualquier programa de tutoría.

UNIDAD DIDÁCTICA 3

Competencias transversales y proceso de comunicación de la tutoría en empresa

Contenido & Objetivos

Introducción

1. Identificación de los contenidos transversales en la programación de la estancia

2. Descripción de las principales líneas de actuación en materia de igualdad

3. Potenciación de las habilidades transversales de tutorización en la empresa

4. Desarrollo del proceso de comunicación. Motivación

Resumen

Los **objetivos** de esta unidad son:

1. Identificar las competencias que necesita la persona que tutoriza con objeto de mejorar su empleabilidad y completar su desempeño laboral.

2. Conocer cuáles son los principios de igualdad y la legislación existente.

3. Descubrir qué estrategias para reducir el impacto ambiental puede llevar a cabo el tutor al desarrollar sus tutorías.

4. Averiguar cuál es la influencia de la Inteligencia Emocional (IE) dentro del proceso formativo.

5. Comprender la relevancia de las habilidades transversales en el mundo laboral.

6. Advertir la importancia que tiene el proceso de comunicación en la actividad de la empresa.

Introducción

Las competencias transversales son habilidades, conocimientos y actitudes que trascienden las fronteras de disciplinas específicas y son aplicables en diversas situaciones y contextos. Estas habilidades son esenciales en el ámbito empresarial, ya que permiten a los profesionales adaptarse a los cambios, trabajar de manera efectiva en equipos diversos y enfrentar desafíos complejos. Algunas competencias transversales clave incluyen habilidades de comunicación, pensamiento crítico, resolución de problemas, trabajo en equipo, liderazgo, creatividad y habilidades interpersonales.

De esta forma, las competencias transversales son esenciales para el éxito en el ámbito empresarial, y la tutoría desempeña un papel crucial en su desarrollo.

La comunicación efectiva entre el tutor y el empleado es un elemento central en este proceso, ya que facilita la transferencia de conocimientos, el intercambio de ideas y la construcción de relaciones de mentoría significativas.

En esta unidad nos centramos en analizar con detalle cada uno de estos aspectos.

1. Identificación de los contenidos transversales en la programación de la estancia

En el contexto de la educación, la noción de "contenidos transversales" se refiere a temas o habilidades que se integran a través de diversas áreas o materias del plan de estudios. Estos contenidos no se limitan a una materia específica, sino que se abordan de manera integral en diferentes asignaturas, buscando proporcionar a los estudiantes una comprensión más completa y conectada del conocimiento.

De esta forma, estos contenidos transversales buscan enriquecer la experiencia educativa y preparar a los estudiantes para enfrentar desafíos diversos en su vida personal y profesional. La integración de estos temas a lo largo de la programación de la estancia contribuye a una formación más integral y holística.

En el caso de la programación de la estancia los contenidos transversales pueden incluir aspectos como:

- **Habilidades sociales y de trabajo en equipo**

  Desarrollar la capacidad de colaborar efectivamente con otros comunicándose de manera clara y trabajar en equipo.

- **Ética y ciudadanía**

  Introducir conceptos éticos y promover la conciencia ciudadana, promoviendo la responsabilidad social y la toma de decisiones éticas.

- **Pensamiento crítico y resolución de problemas**

  Fomentar la capacidad de analizar situaciones, identificar problemas y aplicar soluciones de manera creativa.

- **Habilidades de comunicación**

  Desarrollar habilidades de expresión oral y escrita, así como la capacidad de presentar ideas de manera clara y persuasiva.

- **Adaptabilidad y flexibilidad**

  Inculcar la capacidad de adaptarse a situaciones cambiantes y aprender de nuevas experiencias.

- **Autonomía y autoaprendizaje**

  Fomentar la capacidad de aprender de manera independiente, promoviendo la autodirección y la gestión del propio aprendizaje.

- **Cultura emprendedora**

  Introducir conceptos relacionados con el emprendimiento, la innovación y el desarrollo de proyectos.

1.1. Conocimiento de los derechos de las personas durante el desarrollo de la actividad formativa de carácter práctico

Durante el desarrollo de una actividad formativa de carácter práctico, las personas tienen derechos específicos que buscan garantizar un ambiente educativo justo, seguro y enriquecedor.

Así, el conocimiento de los derechos de las personas durante el desarrollo de una actividad formativa de carácter práctico es fundamental para garantizar un entorno educativo respetuoso, ético y legal.

Estos derechos pueden variar según la jurisdicción y la naturaleza específica de la actividad, aunque generalmente son los siguientes:

⇨ **Derecho a la igualdad y no discriminación**

Todas las personas, independientemente de su género, raza, religión u otras características personales, tienen el derecho de recibir un trato justo, de tener igualdad de oportunidades y de no ser discriminadas en el acceso y participación en las actividades formativas.

⇨ **Derecho a la confidencialidad**

La información personal y los resultados de evaluación deben tratarse con confidencialidad, solo compartiéndose con aquellos que tienen la autoridad o necesidad legítima de conocerla, lo que implica no divulgar información personal sin su consentimiento.

⇨ **Derecho a un ambiente seguro**

Los participantes deben estar protegidos de cualquier riesgo innecesario durante la actividad formativa, lo que incluye la implementación de medidas de seguridad y de prevención de riesgos laborales adecuadas, creando un ambiente de trabajo seguro y protegido.

⇨ **Derecho a la adaptación**

Las personas con necesidades específicas tienen derecho a recibir adaptaciones y apoyos para garantizar su participación plena y efectiva en las actividades prácticas.

⇨ **Derecho a la libertad de expresión**

Los individuos tienen derecho a expresar sus opiniones y participar en discusiones de manera respetuosa, siempre que no infrinjan los derechos de los demás.

⇨ **Derecho a la participación activa**

Los participantes tienen derecho a participar activamente en las actividades formativas, expresar sus opiniones y hacer preguntas para mejorar su comprensión.

⇨ **Derecho a un trato justo y ético**

Los educadores deben tratar a todos los participantes con justicia y ética, evitando cualquier forma de favoritismo o trato injusto.

⇨ **Derecho a recibir retroalimentación constructiva**

Las personas tienen el derecho de recibir comentarios claros y constructivos sobre su desempeño en las actividades prácticas, lo que contribuye al aprendizaje y desarrollo personal.

Es importante que tanto los tutores como los participantes sean conscientes de estos derechos y los respeten mutuamente para crear un ambiente educativo positivo y efectivo. Además, las políticas y normativas institucionales suelen regir estos aspectos y deben ser conocidas y seguidas por todos los involucrados en la actividad formativa.

1.2. Conocimiento de los principios de igualdad de oportunidades y la legislación laboral al respecto

La igualdad de oportunidades en el ámbito laboral es un principio fundamental que busca garantizar que todas las personas tengan acceso equitativo a empleo, desarrollo profesional y condiciones laborales justas, sin discriminación basada en características como género, raza, edad, discapacidad, orientación sexual, religión u otras categorías protegidas.

Durante la tutorización en la empresa, es esencial que se promueva activamente la igualdad de oportunidades. Algunas prácticas que los tutores pueden llevar a cabo durante su tutorización en las empresas son:

▶ **Políticas de no discriminación:** establecer políticas claras que prohíban la discriminación en todas sus formas y que promuevan un entorno laboral inclusivo.

▶ **Capacitación:** proporcionar capacitación regular a las personas tutorizadas sobre la importancia de la igualdad de oportunidades, la diversidad y la inclusión en el lugar de trabajo.

▶ **Procesos de seleccción justos:** garantizar que los procesos de selección sean justos y no estén sesgados, evitando cualquier tipo de discriminación.

▶ **Adaptaciones razonables:** ofrecer adaptaciones razonables para aprendices con discapacidades, asegurando que todos tengan la oportunidad de contribuir plenamente.

▶ **Promoción de la diversidad:** fomentar la diversidad en todos los niveles de la organización, reconociendo y valorando las diferencias individuales.

Leyes sobre la igualdad de oportunidades

"Los españoles son iguales ante la Ley, sin que pueda prevalecer discriminación alguna por razón de nacimiento, raza, sexo, religión, opinión o cualquier otra condición o circunstancia personal o social".

Artículo 14 de la Constitución Española

"Todos son iguales ante la ley y tienen, sin distinción, derecho a igual protección de la ley. Todos tienen derecho a igual protección contra toda discriminación que infrinja esta Declaración y contra toda provocación a tal discriminación".

Artículo 7 de la Declaración Universal de los Derechos Humanos (ONU)

Convenio nº 111 de la Organización Internacional del Trabajo (OIT). Convenio sobre la discriminación (empleo y ocupación).

Otras de las leyes más importantes en este ámbito son las siguientes:

• Ley Orgánica 3/2007, de 22 de marzo, para la igualdad efectiva de mujeres y hombres.

- Orden PRE/525/2005, de 7 de marzo, por la que se da publicidad al Acuerdo de Consejo de Ministros por el que se adoptan medidas para favorecer la igualdad entre mujeres y hombres.

- Orden APU/526/2005, de 7 de marzo, por la que se dispone la publicación del Acuerdo de Consejo de Ministros de 4 de marzo de 2005, por el que se aprueba el Plan para la igualdad de género en la Administración General del Estado.

- Acuerdo por el que se aprueba el Plan Estratégico de Igualdad de Oportunidades 2008-2011.

- Convenio nº 111 de la Organización Internacional del Trabajo (OIT). Convenio sobre la discriminación (empleo y ocupación).

1.3. Conocimiento de los principios básicos de atención a la diversidad

La atención a la diversidad en el ámbito empresarial se refiere a la consideración y gestión de las diferencias individuales entre los empleados para crear un entorno inclusivo y equitativo. Durante la tutorización en la empresa, es esencial tener en cuenta los principios básicos de atención a la diversidad para maximizar el rendimiento y el bienestar de todos los colaboradores.

Algunos **principios básicos que pueden ayudar a guiar la tutorización inclusiva y orientada a la diversidad** son los siguientes:

- Reconocimiento de la diversidad
- Flexibilidad y adaptabilidad
- Conocimiento de los tutorizados
- Metodologías inclusivas
- Comunicación inclusiva
- Acceso a recursos y apoyo
- Evaluación justa e inclusiva
- Concienciación y formación

Abordemos cada uno de ellos:

⇨ **Reconocimiento de la diversidad**

El tutor debe familiarizarse con la diversidad presente en el equipo, incluyendo aspectos como género, edad, etnia, habilidades, orientación sexual, entre otros. Así, el tutor podrá reconocer y valorar las diferencias individuales como fortalezas que contribuyen a un entorno laboral enriquecedor.

⇨ **Flexibilidad y adaptabilidad**

Es necesario que el tutor adapte su enfoque de tutorización para satisfacer las necesidades individuales de cada empleado. Deberá adoptar, por tanto, un enfoque flexible para adaptar las estrategias de enseñanza, los recursos y las evaluaciones según las necesidades específicas de cada aprendiz.

⇨ **Conocimiento de los tutorizados**

El tutor debe obtener información sobre las características individuales de los tutorizados, como estilos de aprendizaje, habilidades, desafíos y antecedentes, para personalizar la tutorización de manera efectiva.

131

⇨ **Metodologías inclusivas**

El tutor usará enfoques pedagógicos que se centren en la participación activa, la colaboración y la participación de todos los estudiantes, independientemente de sus diferencias.

⇨ **Comunicación inclusiva**

El tutor debe fomentar un ambiente donde cada persona se sienta libre de expresar sus ideas y opiniones. También tiene que usar un lenguaje inclusivo y evitar estereotipos que puedan excluir a ciertos grupos.

⇨ **Acceso a recursos y apoyo**

El tutor debe asegurarse de que todos los empleados tengan acceso a los recursos necesarios para realizar sus tareas de manera efectiva.

Por este motivo, el tutor tiene que proporcionar apoyo adicional a aquellos que puedan necesitarlo, ya sea en términos de capacitación, adaptaciones en el lugar de trabajo o recursos específicos.

⇨ **Evaluación justa e inclusiva**

El tutor debe hacer uso de métodos de evaluación que sean justos, objetivos y que estén basados en competencias, evitando sesgos y prejuicios.

⇨ **Concienciación y formación**

Las empresas deben proporcionar programas de sensibilización y formación sobre diversidad e inclusión a los tutores y a todo el personal.

De esta manera, el tutor podrá promover, como base del aprendizaje, la comprensión y el respeto hacia las diversas perspectivas y experiencias de los tutorizados, creando un espacio en el que todos se sientan valorados y respetados.

1.4. Desarrollo de estrategias para limitar el impacto ambiental en la acción de tutorización en la empresa

El impacto ambiental se refiere al impacto de las actividades humanas y naturales en el entorno natural e incluye aspectos como la calidad del aire, la calidad del agua, la biodiversidad y la salud de los ecosistemas.

Este fenómeno aparece en forma de contaminación ambiental, agotamiento de los recursos, cambio climático y pérdida de hábitat. Es una realidad que las actividades humanas, en particular, han aumentado significativamente estos impactos en los últimos siglos debido al crecimiento demográfico, la industrialización y el consumo excesivo.

Crear conciencia y adoptar prácticas sostenibles es importante para reducir nuestro impacto en el medioambiente y preservar nuestro planeta para las generaciones futuras.

Si bien toda la sociedad debe participar en la protección del medioambiente, las empresas en particular tienen un impacto muy importante en el estado de nuestro planeta.

Algunas de las medidas que los tutores y las empresas pueden tomar para reducir el impacto ambiental son las siguientes:

▶ **Ahorro energético y energías renovables**

Cuando sea posible, es necesario utilizar la luz solar y energía renovable en el lugar de trabajo, considerando usar alternativas energéticas más eficientes y limpias, como gas propano o biopropano. No debemos olvidar nuestro compromiso de contribuir a la transición energética.

▶ **Materiales sostenibles**

Es recomendable elegir materiales sostenibles y arquitectura bioclimática para obra nueva. Si la oficina o lugar de trabajo ya está construido, hay una serie de medidas que se pueden tomar, como, por ejemplo, la reducción del uso de plástico, la instalación de bombillas de bajo consumo o luces LED, la utilización de sensores de movimiento y el uso de luces y grifos operados por sensores que solo consumen la luz o la electricidad necesarias.

También es recomendable fomentar la reutilización de materiales siempre que sea posible.

▶ **Digitalización de procesos**

La digitalización de procesos elimina el uso de recursos como papel o tinta.

Cada vez más empresas se centran en digitalizar y gestionar online todo lo que sea posible, desde reuniones hasta contratos.

Digitalización y gestión online en el sector educativo

En el sector educativo, es muy usual:

- Utilizar plataformas de tutorización online en lugar de recursos físicos, reduciendo así el uso de papel y otros materiales.

- Fomentar el uso de recursos digitales, como documentos online, presentaciones electrónicas y libros electrónicos, en vez de materiales impresos.

- Implementar sesiones de tutorización virtual siempre que sea posible para reducir la necesidad de desplazamientos y las emisiones asociadas.

- Emplear herramientas de videoconferencia y colaboración en línea para sesiones remotas.

Si no se puede digitalizar todo el proceso, hay que utilizar papel certificado FSC (Consejo de Administración Forestal) o cosas recicladas como, por ejemplo, papel reciclado, tintas ecológicas, bolígrafos reciclados, etc.

▶ **Política de reciclaje**

Todas las empresas, independientemente del sector, producen residuos perjudiciales para el medio ambiente.

Por este motivo, se deben implementar políticas de reciclaje en la empresa para minimizar el impacto ambiental de estos residuos.

Esta política de reciclaje no solo se aplica a la separación de los residuos según el material del que están fabricados, sino que también deben reciclarse dispositivos electrónicos como las baterías o las pilas.

▶ **Responsabilidad Social Corporativa (RSC)**

Tal y como vimos en la unidad 2, se pueden implementar diversas actividades de RSC que deben cumplir con las leyes sociales, laborales, ambientales y de derechos humanos aplicables.

De esta forma, es positivo que la empresa sensibilice a los tutores y empleados sobre la importancia de reducir el impacto ambiental y proporcionar capacitación sobre prácticas sostenibles.

De igual forma, es recomendable incorporar la sostenibilidad como parte integral de la cultura organizacional.

▶ **Innovación**

La innovación también es una forma de ayudar al medioambiente, ya que se puede innovar en un producto o proceso para hacerlo sostenible.

▶ **Movilidad o transporte sostenible**

La empresa debe animar a los empleados a que acudan a la oficina de manera sostenible. Para ello se puede fomentar el uso de modos de transporte más limpios, como la bicicleta, los vehículos eléctricos o el transporte público.

Otra opción son los vehículos ecológicos como los de gas licuado de petróleo (GLP) o de gas natural (GNC).

▶ **Monitorización y mejora continua**

La empresa tiene que establecer indicadores clave de rendimiento (KPI) relacionados con la sostenibilidad y monitorizar regularmente su progreso.

2. Descripción de las principales líneas de actuación en materia de igualdad

En España, las líneas de actuación en materia de igualdad se han desarrollado a través de políticas y leyes que buscan promover la igualdad entre mujeres y hombres en diversos ámbitos.

Algunas de las principales líneas de actuación en este sentido son:

- **Leyes de igualdad**

    Existe una serie de leyes que promueven la igualdad de género, entre las que se destacan la Ley Orgánica 3/2007 para la Igualdad Efectiva de Mujeres y Hombres y la Ley Orgánica 1/2004 de Medidas de Protección Integral contra la Violencia de Género.

- **Acciones para la prevención y erradicación de la violencia de género**

    Se llevan a cabo políticas específicas para abordar la violencia de género, con medidas de prevención, protección a las víctimas y persecución de los agresores.

- **Políticas de conciliación**

    Se fomentan medidas que faciliten la conciliación entre la vida laboral y familiar, promoviendo la igualdad de oportunidades en el ámbito laboral, como, por ejemplo, fijando horarios flexibles, teletrabajo y permisos parentales.

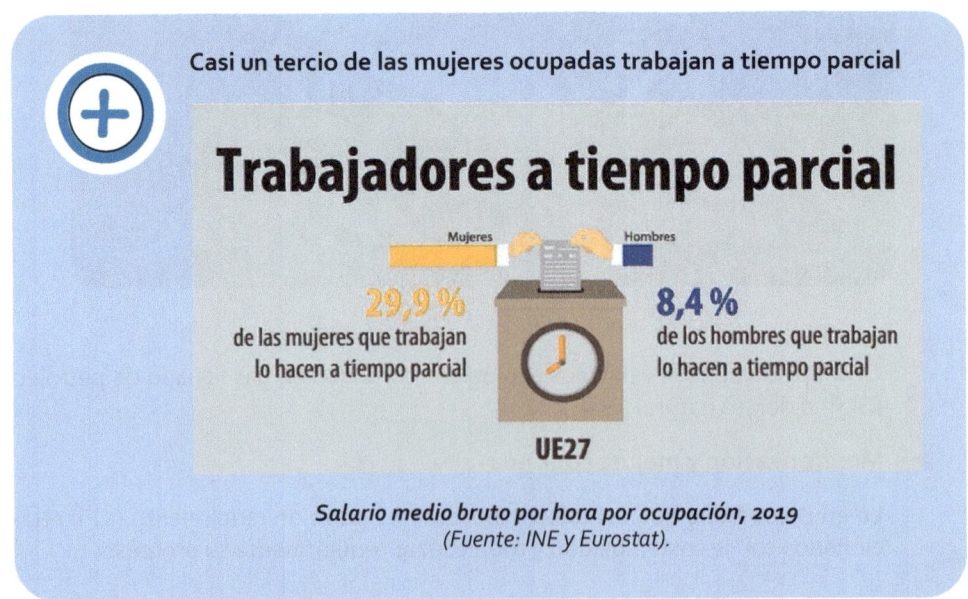

Casi un tercio de las mujeres ocupadas trabajan a tiempo parcial

Trabajadores a tiempo parcial

Mujeres — Hombres

29,9 % de las mujeres que trabajan lo hacen a tiempo parcial

8,4 % de los hombres que trabajan lo hacen a tiempo parcial

UE27

Salario medio bruto por hora por ocupación, 2019
(Fuente: INE y Eurostat).

Enlace: *https://www.ine.es/prodyser/myhue2o/bloc-2b.html?lang=es*

El trabajo a tiempo parcial es una parte importante para conciliar la vida laboral y familiar. Sin embargo, la distribución entre mujeres y hombres no es equitativa: en 2019, el 30% de las mujeres trabajadoras en la UE trabajaban a tiempo parcial, frente al 8% de los hombres.

• **Brecha salarial**

Se implementan medidas para reducir la brecha salarial entre hombres y mujeres, garantizando la igualdad retributiva por un trabajo de igual valor.

Brecha salarial de género (Las mujeres ganan en promedio un 15% menos que los hombres)

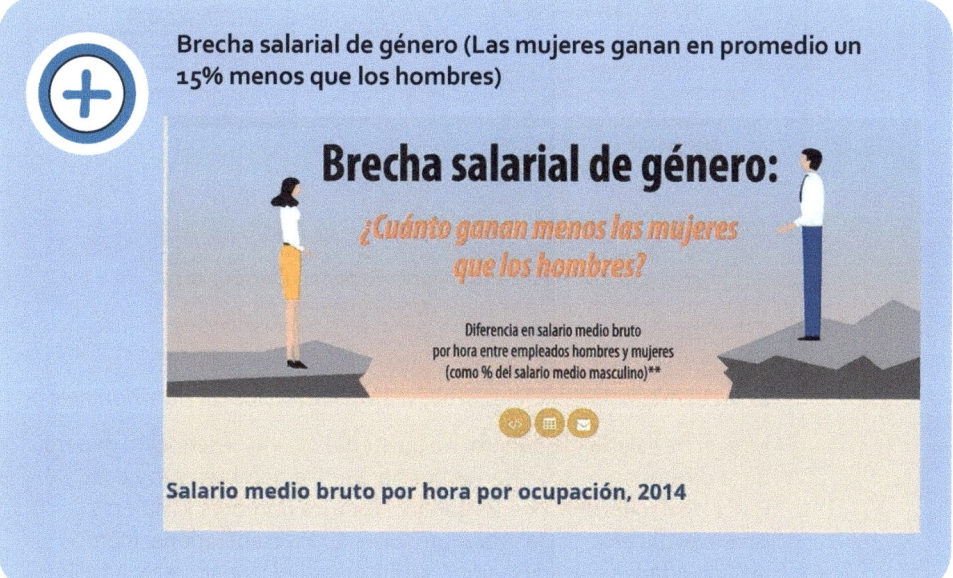

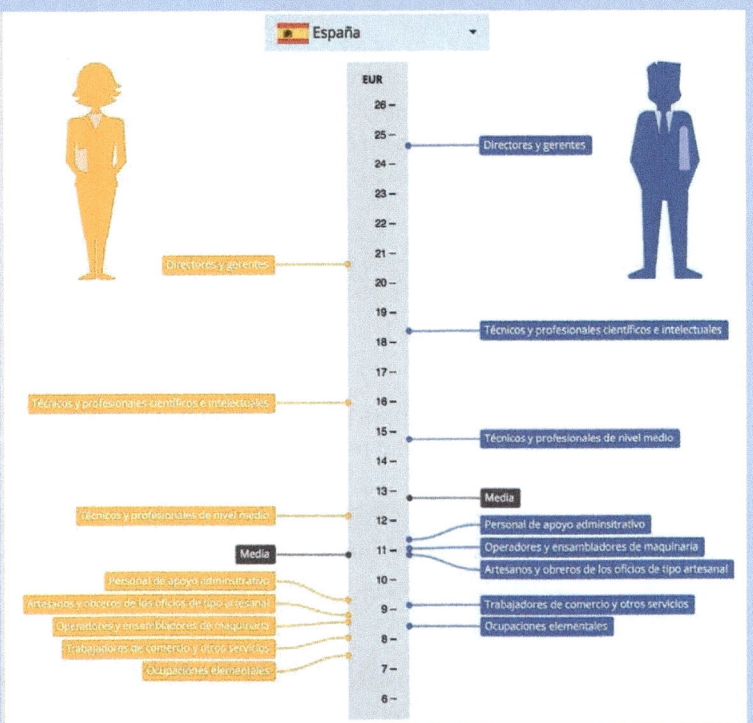

Salario medio bruto por hora por ocupación, 2014
(Fuente: INE y Eurostat).

Enlace: *https://www.ine.es/prodyser/myhue2o/bloc-2d.html?lang=es*

La brecha salarial de género (no ajustada) es una descripción general de la diferencia en los salarios por hora entre hombres y mujeres. Parte de la diferencia de las ganancias entre hombres y mujeres puede explicarse por las características de los trabajadores (como las habilidades o la educación), así como por el trabajo realizado. Por lo tanto, las diferencias salariales están relacionadas con una serie de factores culturales, legales, sociales y económicos más allá de la cuestión de igual salario por igual trabajo.

- **Participación y representación**

  Se promueve la participación y representación equitativa de mujeres y hombres en ámbitos como la política, la empresa y otros sectores de la sociedad.

- **Educación en igualdad**

  Se trabaja en la incorporación de contenidos de igualdad en los sistemas educativos, con el objetivo de sensibilizar y educar desde edades tempranas en la igualdad de género.

- **Planes de igualdad en empresas**

  Se impulsa la elaboración y aplicación de planes de igualdad en empresas y organizaciones para garantizar la igualdad de trato y oportunidades en el ámbito laboral.

- **Sensibilización y prevención**

  Se llevan a cabo campañas de sensibilización y prevención en medios de comunicación y redes sociales para promover una cultura de igualdad y prevenir comportamientos discriminatorios.

2.1. Identificación de brechas o desigualdades en función de distintas variables (edad, sexo, colectivos vulnerables, entre otros)

La identificación de brechas o desigualdades en función de distintas variables es un enfoque fundamental para comprender y abordar las disparidades en una sociedad.

Algunas variables comunes que se utilizan para analizar las brechas y desigualdades son las siguientes:

1. **Edad:**

   ⇨ **Brechas generacionales:** pueden surgir diferencias en oportunidades y acceso a recursos entre distintos grupos de edad.

   ⇨ **Acceso a la educación:** es importante evaluar si hay desigualdades en el acceso a la educación entre diferentes grupos de edad.

Las mujeres alcanzan mayor nivel educativo que los hombres

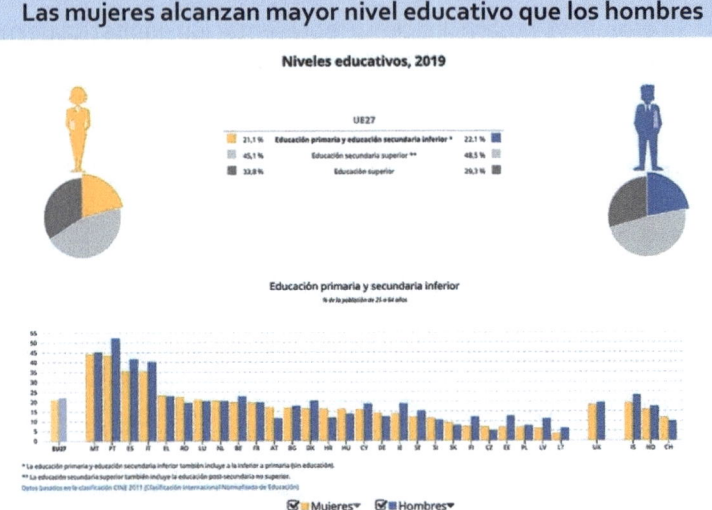

Niveles educativos en la UE en 2019
(Fuente: INE y Eurostat).

Enlace: *https://www.ine.es/prodyser/myhue20/bloc-2a.html?lang=es*

En la UE, no hay diferencias entre mujeres y hombres con bajos niveles de educación. Sin embargo, en los niveles más altos se observa un patrón diferente.

En 2019, casi la misma proporción de mujeres (21% de mujeres y 22% de hombres) que de hombres entre 25 y 64 años tenían solo un nivel mínimo de educación (educación secundaria).

En lo que respecta a la educación superior, el 34% de las mujeres en la UE han completado este nivel, frente al 29% de los hombres.

La proporción de mujeres con este nivel de educación era elevada en casi todos los Estados miembros, siendo las diferencias de género más pronunciadas en los Estados bálticos, Finlandia, Suecia y Eslovenia.

2. **Género:**

⇨ **Equidad de género:** buscar garantizar la igualdad de oportunidades para todos, independientemente del género.

⇨ **Brecha de género:** analizar las disparidades entre hombres y mujeres en términos de salarios, oportunidades laborales, acceso a la educación y participación en la toma de decisiones.

3. **Etnia y raza:**

   ⇨ **Brechas étnicas y raciales:** examinar las disparidades en términos de ingresos, empleo, educación y acceso a la atención médica entre diferentes grupos étnicos o raciales.

   ⇨ **Discriminación racial:** evaluar la presencia de discriminación racial en diversas áreas de la sociedad.

4. **Colectivos vulnerables:**

   ⇨ **Personas con discapacidades:** identificar obstáculos que enfrentan las personas con discapacidades en términos de accesibilidad, empleo y participación en la comunidad.

   ⇨ **Personas LGBTQI+:** analizar la discriminación basada en la orientación sexual e identidad de género y cómo afecta a la igualdad de oportunidades.

5. **Nivel socioeconómico:**

   ⇨ **Desigualdad económica:** evaluar la distribución de ingresos y riqueza para identificar brechas entre diferentes estratos socioeconómicos.

   ⇨ **Acceso a recursos:** analizar si hay disparidades en el acceso a servicios básicos, como educación, salud y vivienda, según el nivel socioeconómico.

6. **Ubicación geográfica:**

   ⇨ **Brechas urbanas-rurales:** examinar las diferencias en términos de desarrollo, acceso a servicios y oportunidades entre áreas urbanas y rurales.

7. **Educación:**

   ⇨ **Desigualdades educativas:** identificar brechas en el acceso a la educación, calidad de la enseñanza y oportunidades educativas entre diferentes grupos.

8. **Salud:**

   ⇨ **Desigualdades en salud:** analizar las disparidades en la atención médica, el acceso a servicios de salud y los resultados de salud entre diferentes grupos demográficos.

9. **Empleo:**

   ⇨ **Brechas salariales:** examinar las diferencias salariales entre géneros, grupos étnicos o niveles educativos.

   ⇨ **Acceso al empleo:** evaluar si existen barreras que impidan el acceso equitativo al empleo.

La identificación de estas brechas y desigualdades es esencial para implementar políticas y medidas que aborden específicamente los problemas y promuevan la equidad en diversas áreas de la sociedad.

2.2. Derecho de las personas al acceso y mantenimiento del empleo, en condiciones de igualdad de oportunidades

El derecho al acceso y mantenimiento del empleo en condiciones de igualdad de oportunidades es un principio fundamental en el ámbito de los derechos humanos y laborales. Este derecho se basa en la idea de que todas las personas tienen el derecho intrínseco de participar en el mundo laboral sin discriminación y en condiciones equitativas. A continuación, se destacan algunos aspectos clave relacionados con este derecho:

▶ **Igualdad de oportunidades**

Todas las personas, independientemente de su género, raza, origen étnico, discapacidad, orientación sexual, religión u otras características personales, tienen el derecho a acceder al empleo en condiciones de igualdad de oportunidades. Esto implica que las decisiones de contratación y promoción deben basarse en el mérito y las habilidades, sin discriminación injustificada.

▶ **Adaptaciones razonables**

Para garantizar igualdad de oportunidades, se debe permitir y facilitar la realización de adaptaciones razonables para aquellos trabajadores con discapacidades. Esto puede incluir ajustes en el entorno de trabajo o en las tareas asignadas.

▶ **Condiciones laborales dignas**

El derecho al empleo incluye el derecho a condiciones laborales dignas y seguras. Los trabajadores tienen derecho a un salario justo, horas de trabajo razonables, descanso adecuado y un entorno de trabajo seguro.

▶ **Acceso a la formación y desarrollo profesional**

El derecho al empleo también implica el acceso a oportunidades de formación y desarrollo profesional para mejorar las habilidades y avanzar en la carrera laboral de manera equitativa.

▶ **Protección contra el acoso laboral**

Las personas tienen el derecho de trabajar en un entorno libre de acoso. Esto incluye el acoso sexual, el acoso basado en la raza u otras formas de comportamiento inapropiado que puedan crear un ambiente laboral hostil.

▶ **Ley y regulación**

Los gobiernos y las instituciones deben adoptar leyes y regulaciones que protejan y promuevan el acceso y mantenimiento del empleo en condiciones de igualdad de oportunidades. Además, es crucial establecer mecanismos efectivos para hacer cumplir estos derechos.

En resumen, el derecho al acceso y mantenimiento del empleo en condiciones de igualdad de oportunidades es esencial para la promoción de una sociedad justa y equitativa, donde todas las personas tengan la posibilidad de contribuir al mercado laboral sin temor a discriminación.

2.2.1. Igualdad efectiva entre mujeres y hombres

La igualdad efectiva entre mujeres y hombres, también conocida como igualdad de género, se refiere a la equidad en los derechos, oportunidades y responsabilidades de mujeres y hombres en todos los ámbitos de la vida. Busca eliminar la discriminación basada en el género y promover la participación equitativa en la toma de decisiones y en la sociedad en general.

Algunos de los aspectos clave para lograr la igualdad de género incluyen:

- **Derechos civiles y políticos:** garantizar que hombres y mujeres tengan los mismos derechos en áreas como el voto, la participación política y la igualdad ante la ley.

- **Derechos económicos:** asegurar la igualdad de oportunidades en el ámbito laboral, eliminando la brecha salarial de género, promoviendo la igualdad de acceso a empleos y oportunidades de desarrollo profesional.

- **Educación:** garantizar el acceso igualitario a la educación para mujeres y hombres en todos los niveles, y promover una educación libre de estereotipos de género.

- **Salud:** asegurar que mujeres y hombres tengan acceso a servicios de salud sexual y reproductiva, así como a atención médica de calidad sin discriminación.

- **Participación en la toma de decisiones:** promover la representación equitativa de mujeres y hombres en roles de liderazgo y en la toma de decisiones a nivel político, económico y social.

Alrededor de un tercio de los directivos de la UE son mujeres

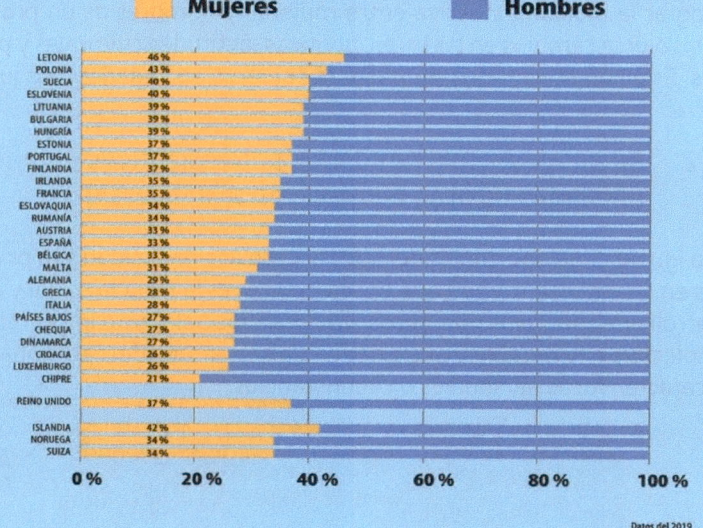

Diferencias entre las carreras profesionales de los directivos entre hombres y mujeres
(Fuente: INE y Eurostat).

Enlace: *https://www.ine.es/prodyser/myhue20/bloc-2c.html?lang=es*

En el ámbito laboral, los hombres suelen ocupar puestos más altos que las mujeres. Por ejemplo, en 2019, un tercio (33%) de los directivos de la UE eran mujeres. La proporción de mujeres en este puesto no supera el 50% en ningún Estado miembro.

- **Eliminación de estereotipos de género:** trabajar para cambiar las percepciones y expectativas sociales relacionadas con los roles de género, desafiando y eliminando los estereotipos que limitan las oportunidades de mujeres y hombres.

- **Prevención y combate de la violencia de género:** adoptar medidas efectivas para prevenir y abordar la violencia basada en el género, incluyendo la violencia doméstica, el acoso sexual y la trata de personas.

- **Licencia parental y equilibrio trabajo-vida:** promover políticas que permitan un equilibrio entre las responsabilidades laborales y familiares para hombres y mujeres, fomentando la igualdad en el hogar y en el trabajo.

Lograr la igualdad efectiva entre mujeres y hombres es un proceso multifacético que involucra cambios en las leyes, políticas, actitudes culturales y prácticas institucionales. Es un objetivo fundamental para construir sociedades más justas y sostenibles.

2.2.2. Igualdad de oportunidades para colectivos vulnerables y principios básicos de atención a la diversidad

La igualdad de oportunidades y el respeto a la diversidad son principios fundamentales en cualquier sociedad que busca promover la justicia social y garantizar el pleno desarrollo de todos sus miembros. Esto es especialmente importante en relación con los colectivos vulnerables, que pueden enfrentar desafíos adicionales debido a diversas características personales o circunstancias.

En lo que se refiere a la diversidad sexual o de género, las intervenciones inclusivas son esfuerzos para promover la igualdad y el respeto de las personas lesbianas, gais, bisexuales, transgénero, *queer*, asexuales y demás (LGBTIQA+). Estas medidas tienen como objetivo crear entornos seguros y de apoyo donde todas las personas, independientemente de su orientación sexual o identidad de género, sean tratadas con dignidad y respeto.

Intervenciones inclusivas con la diversidad sexual y de género

- **Programas de educación y sensibilización:** es de vital importancia desarrollar programas de educación que promuevan la diversidad sexual y de género en las escuelas, universidades y lugares de trabajo. Estos programas pueden incluir charlas, talleres y capacitaciones para aumentar la conciencia y el conocimiento sobre las diferentes orientaciones sexuales e identidades de género.

- **Política y Ley contra la Discriminación:** es esencial hacer cumplir las políticas y leyes que prohíben la discriminación por motivos de orientación sexual e identidad de género. Estos incluyen leyes de seguridad en el lugar de trabajo, igualdad de acceso a la atención médica y protección contra el acoso y la violencia.

- **Acceso a la atención médica adecuada:** garantizar que las personas LGBTIQA+ tengan acceso a atención médica inclusiva y de calidad, incluyendo servicios de salud sexual y reproductiva, servicios de salud mental y acceso a tratamientos de afirmación de género, como la terapia hormonal o la cirugía de reasignación de género.

  Hay que destacar que las personas LGBTIQA+ se enfrentan a desafíos de salud mental únicos, a menudo debido a la discriminación y el estigma. Brindar servicios de salud mental integrales y accesibles, como terapia de apoyo y grupos de apoyo, puede marcar una gran diferencia.

- **-Capacitación para profesionales:** brindar capacitación y sensibilización sobre la diversidad sexual y de género a profesionales de diferentes campos, como educación, salud, justicia y servicios sociales. Esto ayuda a garantizar que estos profesionales estén equipados para atender las necesidades de las personas LGBTIQA+ de manera respetuosa y adecuada, ya que acceden a una atención médica adecuada sin temor a la discriminación o el abuso.

3. Potenciación de las habilidades transversales de tutorización en la empresa

La tutorización en la empresa implica la transferencia de conocimientos y habilidades de un individuo más experimentado a uno menos experimentado.

Las habilidades transversales, también conocidas como habilidades blandas (*soft skills*) o habilidades interpersonales, se refieren a aquellas habilidades que son relevantes y aplicables en una variedad de contextos laborales. Estas habilidades son clave para apoyar y guiar a otros empleados en su desarrollo personal y profesional.

Algunas **habilidades transversales clave para la tutorización en la empresa** son:

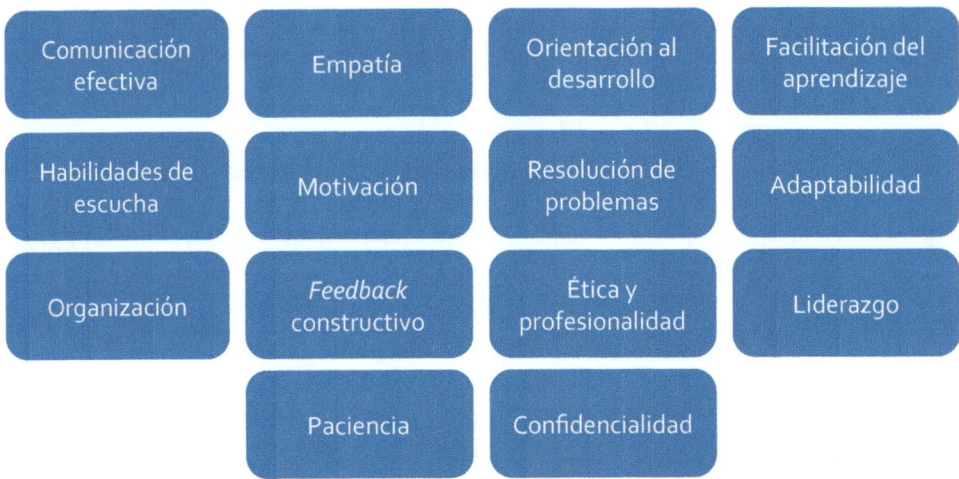

Comunicación efectiva · Empatía · Orientación al desarrollo · Facilitación del aprendizaje · Habilidades de escucha · Motivación · Resolución de problemas · Adaptabilidad · Organización · *Feedback* constructivo · Ética y profesionalidad · Liderazgo · Paciencia · Confidencialidad

Veamos en qué consiste cada una de estas habilidades:

⇨ **Comunicación efectiva**

La capacidad para expresarse clara y concisamente, escuchar activamente y adaptar el estilo de comunicación según las necesidades del aprendiz.

⇨ **Empatía**

Ser capaz de comprender y compartir los sentimientos de los demás, mostrando comprensión y apoyo a los desafíos y experiencias de los empleados a quienes se está tutorizando.

⇨ **Orientación al desarrollo**

Tener una mentalidad orientada al crecimiento y estar comprometido con el desarrollo y la mejora continua de los demás.

⇨ **Facilitación del aprendizaje**

Saber cómo diseñar y facilitar experiencias de aprendizaje efectivas, adaptadas a las necesidades y estilos de aprendizaje de cada persona tutorizada. Igualmente es importante estimular la curiosidad y el interés de los aprendices por el aprendizaje continuo.

⇨ **Habilidades de escucha**

Escuchar activamente para comprender las preocupaciones, metas y desafíos de los tutorizados, y responder de manera adecuada.

⇨ **Motivación**

Inspirar y motivar a los demás para que alcancen sus objetivos profesionales, proporcionando aliento y reconocimiento cuando sea necesario.

⇨ **Resolución de problemas**

Ayudar a las personas tutorizadas a identificar y abordar los desafíos laborales, proporcionando orientación y apoyo en la resolución de problemas.

⇨ **Adaptabilidad**

Ser capaz de ajustarse a diferentes estilos de aprendizaje, personalidades y situaciones para brindar un apoyo efectivo a las personas tutorizadas.

⇨ **Organización**

Planificar sesiones de tutorización de manera efectiva, así como hacer un seguimiento del progreso de las personas tutorizadas proporcionando una retroalimentación regular.

⇨ ***Feedback* constructivo**

Proporcionar retroalimentación de manera constructiva y orientada al crecimiento, destacando los logros y ofreciendo sugerencias para mejorar.

⇨ **Ética y profesionalidad**

Mantener altos estándares éticos y comportarse de manera profesional en todas las interacciones, estableciendo un ejemplo positivo.

⇨ **Liderazgo**

Inspirar y motivar a los tutorizados para que alcancen sus objetivos, ejerciendo de modelo para ellos mostrando comportamientos y actitudes positivas.

⇨ **Paciencia**

Ser paciente y alentar el progreso gradual, ya que el aprendizaje lleva tiempo y es un proceso continuo.

⇨ **Confidencialidad**

Mantener la confidencialidad de la información personal y profesional compartida por los aprendices creando un ambiente de confianza y respeto.

Otras clasificaciones de competencias transversales pueden incluir cosas como comprensión e integración; aplicación y pensamiento práctico; innovación y creatividad; pensamiento crítico, etc.

3.1. Principios de la Inteligencia Emocional aplicada al proceso formativo

Para Salovey y Mayer (1990) la inteligencia emocional *"consiste en la habilidad de manejar los sentimientos y emociones, discriminar entre ellos y utilizar estos conocimientos para dirigir los propios pensamientos y acciones".*

Posteriormente, Goleman (1995) definió la inteligencia emocional como la capacidad de reconocer emociones en uno mismo y en los demás, de estar motivado y de gestionar las emociones de manera positiva, especialmente en las relaciones interpersonales.

Para él, la inteligencia emocional incluye habilidades como el control de los impulsos, la autoconciencia, la motivación, la perseverancia, la empatía y la agilidad mental como forma de interactuar con el mundo emocionalmente sensible. De esta forma, cualidades como la autodisciplina, la compasión y el altruismo son importantes para una óptima adaptación social.

La evidencia empírica apunta a los enormes beneficios (personales y sociales) de la inteligencia emocional. Hasta se demostró que esta es un predictor importante del éxito en la vida y del bienestar psicológico general de las personas. Según Goleman (1995), descuidar estos beneficios puede arruinar muchas carreras y, en niños y adolescentes, provocar depresión, trastornos alimentarios, agresión y delincuencia.

En consecuencia, está creciendo la conciencia social sobre la importancia de aprender habilidades emocionales. ¿Qué puede ser mejor que una buena educación emocional y para la vida (personal, social, familiar, profesional, etc.) que nos proporcione bienestar subjetivo, salud física y mental, mucha felicidad y un alto estatus social y calidad de vida? (Bisquerra, 2001)

"La educación emocional es un proceso educativo, continuo y permanente, que pretende potenciar el desarrollo de las competencias emocionales, como elemento esen-

cial del desarrollo integral de la persona, y con objeto de capacitarle para afrontar mejor los retos que se le plantean en la vida cotidiana". (Bisquerra, 2003)

Ante estas nuevas demandas sociales, los centros educativos deben sentirse responsables en este proceso encaminado al desarrollo integral del individuo y contribuir a la mejora de las habilidades emocionales de los estudiantes dentro de su proyecto educativo.

El Informe Delors (UNESCO 1996) reconoce que, dado que muchos problemas surgen en el ámbito emocional, la educación emocional es un complemento indispensable para el desarrollo cognitivo y una herramienta clave para la prevención. La educación emocional tiene como objetivo ayudar a las personas a descubrir, conocer y regular sus emociones e integrarlas en habilidades.

Así pues, la inteligencia emocional aplicada al proceso formativo durante la tutorización en la empresa es fundamental para crear un entorno de aprendizaje efectivo y favorecer el desarrollo integral de los empleados.

A continuación, se presentan algunos principios de la inteligencia emocional aplicada a la formación:

▶ **Autoconciencia**

- Los tutores deben ser conscientes de sus propias emociones y cómo estas pueden afectar su desempeño como mentores.

Autoconciencia de un tutor
Un tutor se da cuenta de que se siente frustrado cuando los tutorizados no comprenden un tema, pero utiliza esa emoción para ajustar su enfoque y encontrar nuevas formas de explicar el material.

- Fomentar la autoconciencia en las personas tutorizadas para que comprendan y gestionen sus propias emociones.

▶ **Empatía:**

- Los tutores deben ser capaces de ponerse en el lugar de los tutorizados, comprendiendo sus experiencias y perspectivas.

- Fomentar la empatía en el proceso formativo para construir relaciones sólidas entre tutor y empleado.

Empatía de un tutor
Un tutor reconoce las diferencias individuales y adapta su enfoque para satisfacer las diversas formas de aprendizaje de los tutorizados, brindando apoyo adicional cuando es necesario.

▶ **Comunicación efectiva:**

- Desarrollar habilidades de comunicación emocional que permitan transmitir información de manera clara y comprensible.

- Establecer un diálogo abierto y constructivo, fomentando la retroalimentación positiva y constructiva.

¿Cómo se comunica de manera efectiva un tutor?
Un tutor se acerca al tutorizado y le pregunta cómo se siente acerca del problema, dándole pie a que este exprese su frustración y confusión.

▶ **Gestión emocional:**

- Ayudar a los empleados a reconocer y gestionar sus emociones de manera saludable.

- Enseñar estrategias para manejar el estrés, la frustración y otras emociones negativas.

▶ **Motivación:**

- Identificar las metas y motivaciones individuales de los empleados para personalizar el proceso formativo.

- Utilizar la retroalimentación positiva y el reconocimiento para estimular el compromiso y el esfuerzo.

 **¿Cómo usa un tutor la motivación?**
Un tutor refuerza la idea de que cometer errores es parte del proceso de aprendizaje y que lo importante es aprender de ellos.

▶ **Habilidades sociales:**

- Desarrollar habilidades sociales como la colaboración, la resolución de conflictos y el trabajo en equipo.

- Fomentar un ambiente de trabajo positivo y colaborativo.

 **Habilidades sociales de un tutor**
Un tutor anima a la comunicación abierta y respetuosa entre los tutorizados, promoviendo la resolución de conflictos de manera constructiva. Además, el docente modela habilidades sociales efectivas, mostrando cómo las relaciones positivas contribuyen al aprendizaje y al bienestar emocional.

▶ **Adaptabilidad:**

- Estar abierto a ajustar las estrategias de tutorización según las necesidades y estilos de aprendizaje individuales.

- Enseñar a los tutorizados a adaptarse a cambios y desafíos de manera efectiva.

▶ **Autoevaluación:**

- Fomentar la reflexión y autoevaluación constante en los aprendices para impulsar el aprendizaje continuo.

- Proporcionar herramientas para que las personas tutorizadas identifiquen sus propias fortalezas y áreas de mejora.

▶ **Clima emocional positivo:**

- Crear un ambiente de aprendizaje que promueva la confianza, el respeto y la positividad.

- Estimular la creatividad y la innovación a través de un clima emocional favorable.

▶ **Desarrollo de la inteligencia emocional a largo plazo:**

- Reconocer que el desarrollo de la inteligencia emocional es un proceso continuo.

- Incentivar la participación en programas de formación a largo plazo para cultivar habilidades emocionales a lo largo de la carrera profesional.

3.2. Principios de la escucha activa, importancia de la comunicación y *feedback* aplicada al proceso formativo

La escucha activa es la práctica de escuchar para comprender lo que alguien dice. Cuando una persona escucha activamente, se concentra solo en lo que dice otra persona, en lugar de planificar cómo responder, como se haría en una discusión o conversación. Para ello se debe repetir lo que se escuchó para asegurarse de que la otra persona entendió lo que dijo. En ocasiones, también se pueden hacer preguntas específicas y abiertas para explorar más el tema.

La comunicación efectiva es un tipo de comunicación que transmite un mensaje de forma clara y comprensible para el destinatario, sin provocar dudas, confusión o posibles malentendidos.

En consecuencia, tanto la escucha activa como la comunicación efectiva y el *feedback* son pilares esenciales para un proceso formativo exitoso, facilitando la comprensión, el desarrollo de habilidades y la motivación de los estudiantes.

A continuación, se muestran los **principios de la escucha activa, así como la importancia de la comunicación y del** *feedback*, **aplicados a la tutorización en las empresas**:

Principios de escucha activa	Importancia de la comunicación	Importancia del *feedback*
Atención plena	Transmisión de conocimiento	Frecuencia regular
Interés verbal y no verbal	Expectativas claras	Especificidad
Parafrasear	Motivación	Oportunidades de mejora
Preguntas clarificadoras	Resolución de problemas	Ambiente de confianza
Empatía	*Feedback* constructivo	
Evitar interrupciones		
Emociones		

Analicemos cada uno de ellos:

Principios de la escucha activa:

1. **Atención plena:** prestar atención total al interlocutor, eliminando distracciones y mostrando interés genuino.

2. **Mostrar interés verbal y no verbal:** utilizar gestos, expresiones faciales y afirmaciones verbales para demostrar que se está comprometido en la conversación.

3. **Parafrasear:** repetir o reformular las palabras del interlocutor para demostrar comprensión y confirmar que se ha captado su mensaje.

4. **Hacer preguntas clarificadoras:** realizar preguntas abiertas para obtener más detalles o aclarar puntos específicos. Esto muestra interés y facilita una comprensión más profunda.

5. **Empatía:** comprender y sentir las emociones del interlocutor, mostrando empatía hacia sus experiencias y perspectivas.

6. **Evitar interrupciones:** permitir que el interlocutor termine sus pensamientos antes de responder, evitando interrupciones prematuras.

7. **Reflejar emociones:** reconocer las emociones expresadas por el hablante para validar sus sentimientos.

Importancia de la comunicación en el proceso formativo:

1. **Transmisión de conocimiento:** la comunicación efectiva facilita la transferencia de información y conocimientos entre el tutor y la persona tutorizada.

2. **Claridad en las expectativas:** la comunicación efectiva establece expectativas claras para el tutorizado, lo que contribuye a un proceso formativo más efectivo.

3. **Motivación:** la comunicación positiva y motivadora puede inspirar al tutorizado a esforzarse más y superar desafíos durante el proceso de aprendizaje.

4. **Resolución de problemas:** la habilidad para comunicar eficazmente facilita la resolución de problemas y desafíos que puedan surgir durante la tutorización.

5. *Feedback* **constructivo:** proporcionar retroalimentación de manera clara y constructiva es esencial para el desarrollo continuo del tutorizado.

Importancia del *feedback* en el proceso formativo:

1. **Frecuencia regular:** proporcionar *feedback* de manera regular permite ajustar el proceso formativo según las necesidades del tutorizado.

2. **Especificidad:** el *feedback* debe ser específico, destacando áreas de mejora y fortalezas específicas para que el tutorizado pueda comprender y aplicar las mejoras.

3. **Oportunidades de mejora:** el *feedback* no solo debe señalar errores, sino también ofrecer sugerencias y oportunidades para mejorar.

4. **Ambiente de confianza:** crear un ambiente de confianza es esencial para que el tutorizado se sienta cómodo recibiendo *feedback* y pueda utilizarlo para su crecimiento personal y profesional.

3.3. Aprendizaje de técnicas y pautas para promover la motivación hacia la tarea

El aprendizaje eficaz en el aula depende de la capacidad del profesor para mantener y aumentar la motivación de los estudiantes al comienzo del curso (Ericksen, 1978). Independientemente del nivel de motivación de un estudiante, lo que sucede en el aula cambiará, para bien o para mal. Pero no existe una fórmula mágica para motivarlos. Muchos factores influyen en la motivación de un estudiante para trabajar y estudiar (Bligh, 1971; Sass, 1989). Por ejemplo, el interés por la materia, el sentido de utilidad, la constancia del alumno, etc. Y no todos los alumnos tienen la misma motivación. Sin embargo, es evidente que los estudiantes motivados son más receptivos y estudian más, y está claro que la motivación tiene un impacto muy importante en el aprendizaje.

Lo que parece ser cierto es que la mayoría de los estudiantes responden positivamente a materias bien estructuradas impartidas por profesores motivados que están genuinamente interesados en sus alumnos y en lo que están aprendiendo. Si quieres que aprendan, tienes que crear un ambiente motivador.

Algunos consejos iniciales para la motivación:

• Animarlos y decirles a veces que pueden hacerlo mejor.

• Intentar crear un ambiente abierto y agradable en el aula.

• Hacer que se sientan miembros valiosos de la comunidad de aprendizaje.

Al ejercer como tutores, podríamos decir que se trata de enseñar, pero deberíamos señalar que se trata del aprendizaje de los estudiantes/aprendices. Usando una analogía para explicarlo mejor, les damos una piedra o les decimos cómo encontrarla y construyen una "casa del conocimiento". Aunque no podemos construir una casa, ya que lo deben aprender ellos, sí somos claramente responsables de si se ha construido bien o mal.

A continuación, se exponen una serie de estrategias, las cuales, usadas de manera combinada, pueden contribuir a un ambiente de prácticas en empresas que promueva la motivación intrínseca y el desarrollo profesional continuo de los aprendices:

⇨ **Establecer metas claras:** ayudar a los aprendices a establecer metas específicas y alcanzables durante sus prácticas en la empresa. Estas metas pueden estar relacionadas con el aprendizaje de nuevas habilidades, la realización de proyectos específicos o la consecución de objetivos a corto plazo.

⇨ **Proporcionar retroalimentación constructiva:** ofrecer retroalimentación regular y específica sobre el desempeño de las personas tutorizadas. Destacar los logros y proporcionar sugerencias para mejorar puede aumentar la motivación al demostrar progresos y ofrecer una dirección clara.

⇨ **Fomentar la autonomía:** permitir que los aprendices tomen decisiones y sean responsables de sus propios proyectos o tareas. La autonomía puede aumentar la motivación intrínseca, ya que ellos se sienten más comprometidos cuando tienen un sentido de control sobre su trabajo.

⇨ **Relacionar la tarea con los intereses personales:** tratar de vincular las tareas asignadas con los intereses y objetivos personales de los tutorizados. Esto puede hacer que la tarea sea más relevante y significativa para ellos, aumentando así la motivación.

⇨ **Fomentar un ambiente de apoyo:** crear un ambiente de trabajo que fomente la colaboración, el apoyo mutuo y la comunicación abierta. Un ambiente positivo puede contribuir significativamente a la motivación y al sentido de pertenencia.

⇨ **Incorporar variedad en las tareas:** introducir diversidad en las responsabilidades y proyectos asignados. La monotonía puede conducir a la pérdida de interés, mientras que la variedad puede mantener a los aprendices comprometidos y motivados.

⇨ **Destacar la relevancia profesional:** ayudar a las personas tutorizadas a comprender la importancia de las tareas asignadas en el contexto profesional. Conectar las actividades diarias con el desarrollo de habilidades profesionales puede motivar a los estudiantes al mostrarles cómo su trabajo contribuye a su crecimiento y futuro profesional.

⇨ **Fomentar la autorreflexión:** invitar a los tutorizados a reflexionar sobre su propio progreso y aprendizaje. La autorreflexión puede aumentar la conciencia de sus logros y desafíos, promoviendo la autenticidad y la motivación intrínseca.

⇨ **Proporcionar oportunidades de desarrollo profesional:** identificar oportunidades para el crecimiento y desarrollo profesional continuo. Esto puede incluir la participación en proyectos desafiantes, la asistencia a eventos del sector o la capacitación en nuevas habilidades.

⇨ **Celebrar logros:** reconocer y celebrar los logros, tanto pequeños como grandes. El reconocimiento positivo puede fortalecer la motivación y fomentar un ambiente de aprendizaje positivo.

3.4. Sensibilización y aplicación del trabajo en equipo

A) Sensibilización en la tutorización

Por lo general, la sensibilización se refiere al proceso de crear conciencia y comprensión sobre determinados temas, valores o habilidades. En el contexto del trabajo en equipo, la sensibilización implica fomentar la comprensión de la importancia del trabajo colaborativo y las habilidades necesarias para lograrlo.

La sensibilización es crucial para construir una cultura organizacional que valore y promueva el trabajo en equipo. Cuando los miembros del equipo son conscientes de la importancia de colaborar y entienden cómo sus acciones afectan al grupo, se crea un ambiente propicio para la eficacia y la productividad.

En el área de la tutorización, la sensibilización se refiere a la capacidad del tutor para comprender y responder a las necesidades, habilidades y características individuales de cada estudiante.

Existen tres componentes fundamentales:

▶ **Personalización**

Los tutores deben ser conscientes de las diferencias individuales en el estilo de aprendizaje, la velocidad de asimilación y las preferencias de comunicación de cada estudiante. Adaptar el enfoque de tutorización a estas diferencias puede mejorar la efectividad del proceso.

▶ **Empatía**

La empatía es clave en la sensibilización. Los tutores deben esforzarse por comprender las experiencias y perspectivas de los estudiantes, creando así un ambiente de apoyo y comprensión.

▶ **Comunicación abierta**

Fomentar una comunicación abierta y bidireccional es esencial. Los estudiantes deben sentirse cómodos compartiendo sus inquietudes, preguntas y desafíos con el tutor.

B) Aplicación del trabajo en equipo en la tutorización

La aplicación del trabajo en equipo se refiere a la implementación práctica de los principios y conceptos del trabajo colaborativo en un entorno laboral. Implica la ejecución de actividades y tareas de manera conjunta para lograr metas comunes.

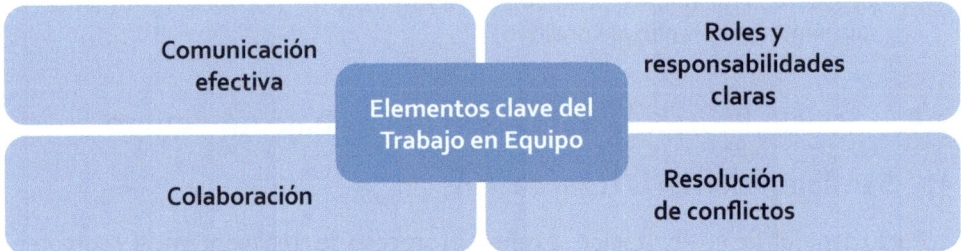

Expliquemos la influencia de cada uno de ellos en el trabajo en equipo:

- **Comunicación efectiva:** garantizar que la información se comparta de manera clara y precisa entre los miembros del equipo.

- **Roles y responsabilidades claras:** cada miembro debe comprender su función en el equipo y las responsabilidades asociadas.

- **Colaboración:** trabajar de manera conjunta, aprovechando las fortalezas individuales para alcanzar objetivos compartidos.

- **Resolución de conflictos:** abordar desacuerdos de manera constructiva para mantener la armonía en el equipo.

Durante la tutorización, al implementar el trabajo en equipo se desarrollan las siguientes actividades:

⇨ **Colaboración entre estudiantes**

Promover la colaboración entre los estudiantes es esencial para el desarrollo del trabajo en equipo. Esto puede incluir proyectos grupales, discusiones en grupo y actividades que fomenten el intercambio de ideas.

⇨ **Fomentar la participación**

Incentivar la participación de todos los miembros del grupo. Esto se logra asignando roles específicos, estableciendo metas grupales y proporcionando retroalimentación constructiva.

⇨ **Desarrollar habilidades de comunicación**

El tutor puede enfocarse en mejorar las habilidades de comunicación de los estudiantes. Esto incluye escuchar activamente, expresar ideas claramente y resolver conflictos de manera constructiva.

⇨ **Evaluación grupal**

Incorporar métodos de evaluación que tengan en cuenta tanto el desempeño individual como el del grupo. Esto puede incluir evaluaciones de pares y autoevaluaciones.

⇨ **Recursos para el trabajo en equipo**

Proporcionar recursos y herramientas que faciliten el trabajo en equipo, como plataformas en línea para compartir documentos, calendarios compartidos y herramientas de videoconferencia.

⇨ **Fomentar la responsabilidad individual**

Aunque el enfoque es en el trabajo en equipo, es importante que cada estudiante asuma la responsabilidad de su propio aprendizaje. Esto implica cumplir con tareas individuales y contribuir al éxito del grupo.

En resumen, la sensibilización en la tutorización implica adaptarse a las necesidades individuales de los tutorizados, mientras que la aplicación del trabajo en equipo implica fomentar la colaboración y las habilidades sociales dentro del grupo de estudiantes. Ambos aspectos son esenciales para crear un entorno de tutorización efectivo y enriquecedor.

3.5. Aprendizaje del proceso de solución de problemas

En general, el proceso de solución de problemas implica la aplicación de habilidades cognitivas para abordar situaciones complejas y encontrar soluciones efectivas.

Así, el aprendizaje del proceso de solución de problemas durante la tutorización se refiere a cómo los tutores pueden facilitar y guiar a los tutorizados en el desarrollo de habilidades para abordar y resolver problemas de manera efectiva. Implica enseñarlos a entender, analizar y resolver problemas de manera crítica y reflexiva.

El proceso de solución de problemas sigue los siguientes pasos:

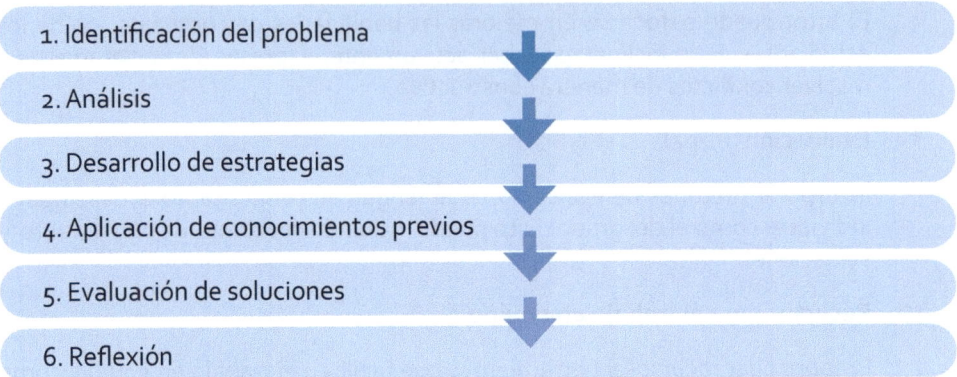

1. Identificación del problema

2. Análisis

3. Desarrollo de estrategias

4. Aplicación de conocimientos previos

5. Evaluación de soluciones

6. Reflexión

Analicemos cada uno de ellos:

1. **Identificación del problema**

   Ayudar a los tutorizados a reconocer y comprender claramente el problema. Esto implica definir los elementos clave, comprender el contexto y establecer metas claras para la solución.

2. **Análisis**

   Fomentar la capacidad de análisis crítico al descomponer el problema en partes más manejables. Esto incluye identificar patrones, relaciones y posibles enfoques para la resolución.

3. **Desarrollo de estrategias**

   Enseñar a los tutorizados diversas estrategias para abordar problemas. Esto puede incluir métodos sistemáticos, heurísticos y enfoques creativos.

4. **Aplicación de conocimientos previos**

   Ayudar a las personas tutorizadas a aplicar conceptos y conocimientos previos relevantes para abordar el problema en cuestión.

5. **Evaluación de soluciones**

   Enseñar a los tutorizados a evaluar críticamente las soluciones propuestas, considerando su viabilidad, eficacia y coherencia con los objetivos establecidos.

6. **Reflexión**

   Fomentar la reflexión sobre el proceso de resolución de problemas, identificando lecciones aprendidas y áreas de mejora para futuras situaciones.

3.6. Identificación, gestión y resolución de conflictos

La efectiva identificación, gestión y resolución de conflictos en el entorno de tutorización contribuye a un ambiente de aprendizaje más saludable y a un progreso académico más positivo para las personas tutorizadas.

En el siguiente gráfico se muestran, de forma esquemática, aquellos **aspectos más importantes** en cada uno de ellos:

Veamos detalladamente estos aspectos:

A la hora de identificar los conflictos que puedan suceder, los tutores deben:

- Estar atentos a cualquier señal de conflicto entre tutorizados o entre ellos y la persona tutora. Esto puede incluir cambios en el comportamiento, falta de participación o comentarios negativos.

- Fomentar un ambiente donde los tutorizados se sientan cómodos expresando sus preocupaciones. Esto puede hacerse a través de reuniones regulares, correos electrónicos o plataformas de comunicación en línea.

Al gestionar los conflictos, los tutores tienen que:

⇨ Abordar los conflictos tan pronto como se identifiquen para evitar que se intensifiquen.

⇨ Entender las perspectivas de todas las partes involucradas en el conflicto es crucial. La escucha activa implica prestar atención, hacer preguntas clarificadoras y validar las preocupaciones de los tutorizados.

⇨ Mantener una posición imparcial y objetiva al abordar los problemas.

⇨ Evitar tomar partido para garantizar una resolución justa.

Para resolver los conflictos que se produzcan, los tutores pueden:

▶ Fomentar la resolución de conflictos a través de la negociación, donde las partes involucradas buscan un terreno común y acuerdos mutuos.

▶ En casos más complejos, la mediación puede ser útil. Un mediador imparcial facilita la comunicación entre las partes para llegar a una solución.

▶ Antes de que surjan conflictos, es útil establecer reglas y expectativas claras para el comportamiento y la comunicación durante la tutorización.

3.7. Competencias blandas más demandadas por el mercado laboral

Las competencias blandas, también conocidas como habilidades sociales o habilidades interpersonales, son cada vez más valoradas por el mercado laboral. Estas habilidades son cruciales para el éxito en el trabajo y la colaboración efectiva en entornos profesionales.

A continuación, se muestran los resultados de un estudio sobre las "10 habilidades blandas más demandadas en 2023" realizado por la Consultora Michael Page en el que se entrevistó a más de 1.000 expertos para conocer su opinión:

Fuente de elaboración propia a partir de Adecco – Michael Page

Así pues, como podemos visualizar en el gráfico, "Comunicación" ocupó el primer lugar, elegido por más de un tercio (35%) de los encuestados. La importancia de unas sólidas habilidades de comunicación trasciende las fronteras demográficas. Esto se debe a que los gerentes de contratación de todas las edades la clasifican como una de sus dos principales habilidades sociales.

El 34% de los responsables de contratación clasificaron la "voluntad de aprender" como la segunda habilidad interpersonal más buscada, seguida del "trabajo en equipo" con un 33%.

Vamos a abordar algunas de estas habilidades.

3.7.1. Pensamiento analítico e innovador

Una persona con habilidades de pensamiento analítico es alguien que puede alcanzar objetivamente estándares basados en evidencia, no en emociones. Además, es una persona meticulosa y metódica que desarrolla la capacidad de comprobar y sistematizar sus pensamientos de forma precisa y cualitativa.

Un innovador es una persona que ajusta elementos, procesos y procedimientos de manera que afecten positivamente el desarrollo u operación de la tarea o elemento.

En el campo de la tutorización, el pensamiento analítico e innovador son habilidades cruciales para un tutor, ya que le permiten personalizar la enseñanza, abordar desafíos, fomentar la creatividad, adaptarse a cambios, estimular el pensamiento crítico y preparar a los estudiantes para el futuro. Estas habilidades contribuyen directamente a un ambiente educativo más efectivo y enriquecedor.

3.7.2. Aprendizaje activo y estratégico

Se trata de las cualidades de una persona motivada e interesada en actualizar constantemente sus conocimientos y que quiere aprender profundamente sobre los procedimientos y procesos de la empresa para la que trabaja, bien para poder realizar su trabajo de manera satisfactoria, bien para crecer.

El aprendizaje activo y estratégico es una habilidad valiosa para los tutores en el ámbito empresarial, ya que implica la capacidad de diseñar y facilitar experiencias de aprendizaje de manera proactiva, adaptativa y orientada a objetivos.

Tutor que usa la habilidad de aprendizaje activo y estratégico
El tutor proporciona orientación y apoyo, ayudando al tutorizado a perfeccionar sus estrategias de aprendizaje y brindando retroalimentación constructiva. El tutor también puede sugerir recursos adicionales y desafíos para mantener al estudiante comprometido y en constante desarrollo.

3.7.3. Resolución de conflictos y problemas complejos

La resolución de conflictos es un proceso utilizado por dos o más partes para resolver un problema de manera pacífica.

Para poner en práctica esta habilidad los tutores deben:

▶ Ser capaces de facilitar el diálogo y guiar a las partes hacia un acuerdo mutuo.

▶ Descomponer problemas complejos en componentes manejables para una mejor comprensión.

▶ Orientar a los tutorizados hacia la identificación y aplicación de soluciones prácticas en lugar de centrarse en los problemas.

3.7.4. Pensamiento crítico y de análisis

Mientras el pensamiento crítico implica la capacidad de analizar información, identificar problemas y proponer soluciones efectivas, los profesionales con habilidades de análisis pueden abordar desafíos complejos de manera estructurada y lógica.

Para desarrollar esta habilidad los tutores tienen que:

• Diseñar programas de desarrollo que incorporen ejercicios y actividades específicas para fomentar el pensamiento crítico y el análisis.

• Evaluar el razonamiento y la lógica en las decisiones de los tutorizados.

- Incorporar casos prácticos y simulaciones en el entrenamiento permite a los empleados aplicar sus habilidades de pensamiento crítico en situaciones realistas.

- Promover discusiones y debates estimula el pensamiento crítico al desafiar las ideas preconcebidas y alentar la reflexión.

- Familiarizar a los empleados con herramientas analíticas y tecnologías que respalden el análisis de datos fortalecerá sus habilidades en este ámbito.

3.7.5. Creatividad, originalidad e iniciativa

Este conjunto de habilidades es perfecto para cualquiera que quiera realizar un trabajo creativo que resuelva problemas u optimice procesos para crear o innovar.

Para desplegar estas habilidades los tutores pueden:

⇨ Diseñar métodos de enseñanza innovadores y encontrar soluciones creativas a los desafíos de aprendizaje → Creatividad.

⇨ Presentar la información de manera única, captando la atención de los tutorizados → Originalidad.

⇨ Buscar constantemente maneras de mejorar el proceso de aprendizaje → Iniciativa.

Ejemplos de cada una de estas habilidades
- Creatividad: desarrollo de actividades interactivas o casos de estudio.
- Originalidad: casos de estudio únicos o incorporación de tecnología de vanguardia en la enseñanza.
- Iniciativa: desarrollo de programas de tutoría personalizados o búsqueda de nuevas herramientas y metodologías de enseñanza.

3.7.6. Adaptabilidad y flexibilidad

La adaptabilidad de una persona es la capacidad de adaptarse a nuevos entornos o situaciones.

A lo largo de este curso ya hemos visto cómo los tutores deben ser capaces de adaptar su estilo de enseñanza a las diferentes necesidades de los tutorizados. Esto se consigue comprendiendo los diversos estilos de aprendizaje y ajustando los métodos para asegurar la comprensión del material.

Asimismo, los tutores deben estar dispuestos a aprender y actualizarse constantemente para ofrecer la mejor educación posible y ser empáticos y flexibles para brindar apoyo cuando sea necesario.

3.7.7. Otras

▶ **Transferir el conocimiento a diferentes contextos**

Capacidad para utilizar el mismo conocimiento en una variedad de situaciones.

▶ **Aprendizaje digital**

Cualquier tipo de aprendizaje que involucra habilidades o experiencias de aprendizaje que utilizan la tecnología de manera efectiva.

 **Ejemplos de aprendizaje digital**

• Aprendizaje virtual: adquisición de conocimientos, habilidades o competencias a través de medios electrónicos o digitales, en lugar de métodos de enseñanza tradicionales que implican la interacción directa en un entorno físico. Este tipo de aprendizaje utiliza tecnologías de la información y la comunicación (TIC) para facilitar la entrega de contenido educativo.

• Aprendizaje combinado, híbrido o *blended learning*: combinación de métodos de enseñanza presenciales y online. Esta modalidad busca aprovechar lo mejor de ambos mundos, integrando la interacción directa en el aula con la flexibilidad y la accesibilidad de los recursos online.

4. Desarrollo del proceso de comunicación. Motivación

La **comunicación** se refiere al proceso de transmitir información, ideas, pensamientos y emociones entre individuos o grupos. Incluye tanto el habla como la escritura, pero también engloba la comunicación no verbal, como gestos, expresiones faciales y lenguaje corporal.

Una **comunicación efectiva** implica la habilidad de expresarse con claridad y de comprender adecuadamente los mensajes recibidos. La comunicación también es esencial para construir relaciones sólidas, resolver conflictos, tomar decisiones informadas y coordinar acciones en equipos y organizaciones.

Por consiguiente, la comunicación y la motivación son dos conceptos fundamentales en cualquier contexto, ya sea personal, profesional o social. Son interdependientes y desempeñan un papel crucial en la forma en que las personas interactúan, colaboran y logran sus objetivos. De esta forma, una comunicación efectiva puede tener un impacto significativo en la motivación de las personas.

El desarrollo del proceso de comunicación en la tutoría en una empresa es fundamental para el éxito del programa y para asegurar que los empleados se sientan motivados y comprometidos con su desarrollo profesional.

Algunos **aspectos clave relacionados con la motivación en el contexto de la tutoría en empresa** son:

- Definición de objetivos claros
- Comunicación abierta y transparente
- Identificación de necesidades y fortalezas
- *Feedback* constructivo
- Reconocimiento y recompensas
- Desarrollo de habilidades
- Flexibilidad y adaptabilidad
- Apoyo en desafíos
- Seguimiento y evaluación
- Cultura de aprendizaje continuo

Profundicemos en cada uno de estos aspectos:

- **Definición de objetivos claros**

  Antes de iniciar el proceso de tutoría, es esencial para el desarrollo del tutorizado establecer objetivos claros y específicos que estén alineados con los objetivos organizacionales y las metas individuales de este.

- **Comunicación abierta y transparente**

  Fomentar un ambiente de comunicación abierta y transparente entre el tutor y el tutorizado es esencial. Esto ayuda a construir confianza y facilita la discusión de metas, desafíos y expectativas.

- **Identificación de necesidades y fortalezas**

  El tutor y el tutorizado deben trabajar juntos para identificar las áreas de desarrollo y las fortalezas de este último. Esto proporciona una base sólida para la creación de un plan de desarrollo personalizado.

- *Feedback* **constructivo**

  La retroalimentación regular y constructiva es clave para mantener la motivación. Los tutores deben proporcionar comentarios específicos y alentadores que ayuden a la persona tutorizada a entender su progreso y áreas de mejora.

- **Reconocimiento y recompensas**

  Reconocer los logros y esfuerzos del aprendiz es una poderosa herramienta motivacional. Esto puede incluir elogios públicos, reconocimientos formales o incluso incentivos tangibles, como bonificaciones o promociones.

- **Desarrollo de habilidades**

  La tutoría en empresa también debería centrarse en el desarrollo de habilidades que no solo beneficien al aprendiz en su trabajo actual, sino que también lo preparen para roles futuros. Esto puede aumentar la motivación al proporcionar una visión a largo plazo y perspectivas de crecimiento profesional.

- **Flexibilidad y adaptabilidad**

  Es importante reconocer que las necesidades y circunstancias pueden cambiar con el tiempo. Mantener un enfoque flexible y adaptarse a las necesidades cambiantes de la persona tutorizada contribuye a la motivación continua.

- **Apoyo en desafíos**

  La tutoría debe ofrecer un espacio seguro para abordar los desafíos y obstáculos que puedan surgir en el camino. El tutor debe proporcionar apoyo emocional y práctico para superar estas dificultades.

- **Seguimiento y evaluación**

  El proceso de tutoría debe incluir evaluaciones periódicas para medir el progreso del tutorizado. Estas evaluaciones pueden ser oportunidades para celebrar logros y ajustar el plan de desarrollo según sea necesario.

- **Cultura de aprendizaje continuo**

  Fomentar una cultura de aprendizaje continuo en la empresa contribuye a la motivación general de los empleados. Esto implica destacar la importancia del desarrollo profesional y proporcionar recursos para el aprendizaje constante.

4.1. Principios de la escucha activa

La escucha activa es una habilidad crucial en la tutoría en empresas, ya que facilita una comunicación efectiva y fortalece la relación entre el tutor y el tutorizado.

Algunos **principios fundamentales de la escucha activa** en el contexto de la tutoría en empresa son:

Total atención
Empatía
Preguntas abiertas
Clarificación de información
Silencio reflexivo
Paráfrasis y resumen
No interrumpir
Expresión no verbal

Analicemos estos principios:

- **Total atención**

  El tutor debe dedicar tiempo y atención exclusiva al tutorizado durante la sesión de tutoría. Esto implica minimizar distracciones, como dispositivos electrónicos o interrupciones, para poder concentrarse completamente en lo que el aprendiz está comunicando.

⇨ **Empatía**

La empatía es esencial para entender las emociones y perspectivas de la persona tutorizada. El tutor debe esforzarse por ponerse en su lugar, mostrando comprensión y sensibilidad hacia sus experiencias, preocupaciones y metas.

⇨ **Preguntas abiertas**

Realizar preguntas abiertas fomenta la participación del aprendiz y permite que exprese sus pensamientos de manera más completa. Esto no solo ayuda al tutor a obtener información más detallada, sino que también estimula una conversación más significativa.

⇨ **Clarificación de información**

Si hay algo que no está claro, el tutor debe buscar aclaraciones sin asumir suposiciones. Esto evita malentendidos y garantiza que ambas partes estén en la misma página.

⇨ **Silencio reflexivo**

A veces, permitir breves momentos de silencio después de que el tutorizado ha hablado da espacio para la reflexión y fomenta que continúen compartiendo información adicional.

⇨ **Paráfrasis y resumen**

Para asegurarse de que se ha comprendido correctamente, el tutor puede practicar la habilidad de parafrasear o resumir lo que el aprendiz ha expresado. Esto no solo confirma la comprensión, sino que también muestra a la persona tutorizada que su punto de vista es valorado.

⇨ **No interrumpir**

Evitar interrumpir al aprendiz mientras habla es esencial para demostrar respeto y permitir que exprese sus ideas de manera completa.

⇨ **Expresión no verbal**

Además de prestar atención a las palabras del tutorizado, el tutor debe estar atento a la comunicación no verbal, como el lenguaje corporal y las expresiones faciales. Estos elementos le pueden proporcionar pistas adicionales sobre los sentimientos y pensamientos de este.

Al seguir estos principios de escucha activa, los tutores en empresas pueden crear un entorno propicio para el crecimiento y desarrollo de los empleados, mejorando la efectividad de la tutoría y fortaleciendo la relación laboral.

4.2. Importancia de la comunicación

En situaciones desafiantes o de cambio, la comunicación abierta y honesta puede ayudar a mantener alta la moral. Las personas se sentirán más motivadas si entienden las razones detrás de los cambios y cómo sus esfuerzos contribuyen a superar los obstáculos.

En resumen, una comunicación efectiva proporciona el contexto y la dirección necesarios para impulsar la motivación, mientras que una motivación sólida mejora la calidad y la eficacia de la comunicación en todos los niveles de interacción humana.

4.3. *Feedback* de la comunicación aplicado a las actividades de formación

El *feedback* en el contexto de la comunicación se refiere a la retroalimentación o información que se proporciona a una persona sobre su desempeño, comportamiento o resultados.

En el ámbito de las actividades de formación, el *feedback* es una herramienta crucial para mejorar el aprendizaje y el desarrollo de habilidades.

Además, el *feedback* efectivo en actividades de formación es esencial para el creci-miento y desarrollo de los participantes. Proporciona información valiosa que guía la mejora continua y contribuye al éxito del proceso de aprendizaje.

Igualmente, la retroalimentación o *feedback* efectiva es esencial para mejorar el desempeño. Al recibir comentarios específicos y constructivos, las personas pueden ajustar sus acciones y sentirse motivadas para alcanzar un mayor nivel de excelencia.

"Técnica del sándwich" usada en la retroalimentación o *feedback*

La "técnica del sándwich" en el *feedback* de la comunicación es una estrategia que consiste en enmarcar un comentario constructivo o de mejora entre dos aspectos positivos. Aplicada a actividades de formación, esta técnica ayuda a proporcionar retroalimentación de manera equilibrada, destacando tanto los puntos fuertes como las áreas de mejora.

Sigue la siguiente estructura:

- Comentario positivo: comienza con un elogio o reconocimiento de algo positivo en el desempeño o trabajo de la persona.
- Crítica o sugerencia: presenta la crítica o sugerencia de manera constructiva y específica.
- Comentario positivo: concluye con otro comentario positivo para reforzar aspectos fuertes o destacados.

Feedback a un tutorizado después de realizar este una presentación

Al aplicar esta técnica el tutor haría los siguientes comentarios:

- Comentario positivo inicial:

  "En primer lugar, quiero destacar que tu presentación fue muy estructurada y organizada. Pudiste transmitir claramente tus ideas y mantener la atención del público desde el principio. ¡Estuvo realmente genial!"

- Crítica constructiva:

  "Sin embargo, creo que podrías beneficiarte de una mayor variación en tu tono de voz. Noté que, en algunas partes, el tono era muy constante, por lo que si añadieses un poco más de entusiasmo o énfasis en algunos momentos podrías hacer que tu presentación fuera aún más impactante.»

- Comentario positivo final:

  "En general, has demostrado habilidades sólidas de presentación y una comprensión profunda del tema. Tu capacidad para mantener la estructura es impresionante, y con algunos ajustes en la expresión vocal, estoy segura de que tus presentaciones serán aún más efectivas. ¡Sigue así, buen trabajo!"

En definitiva, esta técnica permite equilibrar la retroalimentación de manera que el receptor se sienta motivado y alentado a mejorar, ya que se resaltan sus fortalezas antes y después de señalar las áreas de desarrollo.

Resumen

Las habilidades transversales son cruciales para establecer una relación efectiva entre el tutor y el empleado, facilitando así un entorno propicio para el desarrollo profesional y personal.

La atención a la diversidad en el contexto de la tutorización se ocupa de la adaptación de la enseñanza para satisfacer las necesidades individuales de los estudiantes, reconociendo y valorando sus diferencias.

A destacar que la aplicación efectiva de principios de inteligencia emocional en el proceso formativo contribuye a la creación de un entorno educativo que no solo se centra en la adquisición de conocimientos académicos, sino también en el desarrollo emocional y social de los estudiantes.

La sensibilización y aplicación del trabajo en equipo son procesos interrelacionados que contribuyen al desarrollo de un entorno laboral colaborativo y exitoso. La conciencia sobre la importancia del trabajo en equipo, combinada con la implementación efectiva de sus principios, puede llevar a un rendimiento organizacional mejorado y a la consecución de metas y objetivos comunes.

La tutorización centrada en el proceso de solución de problemas es esencial para el desarrollo integral de los estudiantes, equipándolos con habilidades valiosas para enfrentar desafíos académicos y situaciones de la vida real.

La motivación en el desarrollo del proceso de comunicación de la tutoría en una empresa se logra mediante la creación de un entorno de apoyo, la definición clara de objetivos, la retroalimentación constructiva y la atención a las necesidades individuales de los empleados.

Por último, el *feedback* efectivo contribuye a mejorar el rendimiento al proporcionar información específica sobre fortalezas y áreas de mejora.

TEST DE UNIDADES DIDÁCTICAS

ENUNCIADOS

Unidad 1

1. ¿Qué tipos de contratos formativos existen?:

a) Contratos de formación en alternancia y contratos de prácticas.
b) Contratos de formación y aprendizaje y contratos destinados a adquirir una práctica profesional.
c) Contratos de formación en alternancia y contratos destinados a adquirir una práctica profesional.
d) Ninguna es correcta.

2. ¿Cuál es la normativa principal de un contrato destinado a adquirir una práctica profesional?:

a) El artículo 11.2 del Estatuto de los Trabajadores.
b) El artículo 11.3 del Estatuto de los Trabajadores.
c) El artículo 11.4 del Estatuto de los Trabajadores.
d) Ninguna es correcta.

3. ¿Qué son las prácticas extracurriculares?:

a) Aquellas prácticas que están incluidas dentro del plan de estudios.
b) Aquellas prácticas que son necesarias para la obtención del título.
c) Aquellas prácticas que se ofrecen fuera del plan de estudios.
d) Aquellas prácticas vinculadas a un contrato de trabajo.

4. ¿Cuál es el objetivo principal de la tutorización en el contexto de contratos formativos y prácticas no laborales en empresas?:

a) Evaluar el desempeño del tutor.
b) Supervisar el cumplimiento de las normativas laborales.
c) Facilitar el aprendizaje y desarrollo de habilidades del estudiante.
d) Realizar evaluaciones de desempeño del estudiante.

5. ¿Cuál es el papel del tutor en la evaluación del desempeño del estudiante durante un contrato formativo?:

a) Realizar la evaluación de manera unilateral.
b) Eximir al estudiante de la evaluación.
c) Enviar informes directamente a la institución educativa.
d) Proporcionar retroalimentación y apoyo al estudiante.

6. **¿Cuál es una de las tendencias actuales en el mercado laboral del sector formativo?:**

   a) Aumento de la demanda de formación presencial.
   b) Reducción de la importancia de las habilidades digitales.
   c) Enfoque exclusivo en la experiencia académica tradicional.
   d) Auge de la formación online y a distancia.

7. **¿Cuál es la duración de un contrato de formación en alternancia?:**

   a) Desde 3 meses hasta 2 años.
   b) Desde 6 meses hasta 2 años.
   c) Desde 3 meses hasta 1 año.
   d) Desde 6 meses hasta 1 año.

8. **¿Cuál es una habilidad clave que se valora cada vez más en el mercado laboral y que debería ser incorporada en programas de formación?:**

   a) Conocimientos exclusivos de una industria específica.
   b) Habilidades blandas como la comunicación y el trabajo en equipo.
   c) Dependencia exclusiva de habilidades técnicas.
   d) Enfoque exclusivo en habilidades teóricas.

9. **¿Cuál es una característica común de las empresas del sector formativo sin ánimo de lucro?:**

   a) Distribución de ganancias entre accionistas.
   b) Búsqueda de rentabilidad financiera.
   c) Enfoque en la reinversión para mejorar servicios educativos.
   d) Ninguna es correcta.

10. **¿Cuáles son las habilidades clave que debe poseer una persona tutora?:**

    a) Únicamente conocimientos académicos.
    b) Comunicación efectiva, empatía y capacidad de escucha.
    c) Experiencia laboral exclusivamente.
    d) Conocimiento profundo de una sola materia.

Unidad 2

1. **¿Cuál es el papel del mentor en el proceso de acogida?:**

   a) Supervisar el desempeño de los nuevos empleados.
   b) Proporcionar orientación y apoyo a los nuevos empleados.
   c) Establecer sanciones a los empleados que no se adapten rápidamente.
   d) Ignorar a los nuevos empleados para que aprendan por sí mismos.

2. **¿Por qué es importante conocer las necesidades individuales de las personas tutorizadas?:**

   a) Para ignorarlas.
   b) Para adaptar la tutoría a sus características y metas.
   c) Porque es una obligación contractual.
   d) Porque no influye en el rendimiento laboral.

3. **¿Qué beneficio puede obtener la empresa al identificar las necesidades y expectativas de las personas tutorizadas?:**

   a) Mayor desconexión entre los empleados.
   b) Incremento de conflictos internos.
   c) Menos compromiso por parte de los empleados.
   d) Mejor adaptación de la tutoría y aumento del rendimiento.

4. **La visión de la empresa se centra principalmente en:**

   a) Objetivos financieros.
   b) Metas a corto plazo.
   c) Una imagen futura deseada de la empresa.
   d) Ninguna es correcta.

5. **¿Qué describe mejor el organigrama de una empresa?:**

   a) Estructura jerárquica y relaciones de autoridad.
   b) Historial financiero.
   c) Misión y visión.
   d) Únicamente visión.

6. **¿Cuál es uno de los principios fundamentales de la responsabilidad social corporativa?:**

   a) Maximizar los beneficios a corto plazo sin importar las consecuencias a largo plazo.
   b) Ignorar las preocupaciones medioambientales.
   c) Contribuir al bienestar de la sociedad y minimizar los impactos negativos.
   d) Centrarse exclusivamente en las necesidades de los accionistas.

7. **¿Qué tipo de riesgo laboral podría requerir el uso de protectores auditivos como EPI?:**

   a) Riesgo químico.
   b) Riesgo eléctrico.
   c) Riesgo térmico.
   d) Riesgo de ruido.

8. **¿Cuál es el primer paso en el diseño de un plan formativo individual?:**

   a) Evaluación de necesidades.
   b) Determinación de objetivos.
   c) Identificación de recursos.
   d) Implementación de actividades.

9. **¿Cuál es el objetivo principal de la configuración del itinerario formativo-laboral en un programa de formación?:**

   a) Maximizar los beneficios económicos para la empresa.
   b) Proporcionar una experiencia práctica relevante para el estudiante.
   c) Reducir la duración de la estancia en la empresa.
   d) Limitar el acceso a actividades laborales.

10. **¿Cuál es la importancia de establecer un cronograma de actividades en el itinerario formativo-laboral?:**

    a) Cumplir con requisitos legales.
    b) Limitar la participación del estudiante en actividades prácticas.
    c) Facilitar la planificación y organización de las experiencias de aprendizaje.
    d) Reducir la flexibilidad en la adaptación a las necesidades cambiantes de la empresa.

Unidad 3

1. **¿Qué derecho garantiza que las personas con discapacidad tengan acceso igualitario a las oportunidades de formación práctica?:**

   a) Derecho a la igualdad.
   b) Derecho a la propiedad.
   c) Derecho a la libre circulación.
   d) Derecho a la seguridad social.

2. **¿Cuál es el papel del tutor en la atención a la diversidad en la empresa?:**

   a) Ignorar las diferencias entre los tutorizados.
   b) Adaptarse a un único estilo de tutoría.
   c) Proporcionar un ambiente inclusivo y adaptar sus estrategias de enseñanza.
   d) Mantener la rigidez en la planificación formativa.

3. **¿Cómo podría una empresa integrar la sostenibilidad en sus estrategias de tutorización para reducir su impacto ambiental?:**

   a) Fomentando la movilidad en vehículos privados para las sesiones de tutorización.
   b) Minimizando la participación de los empleados en actividades de voluntariado ambiental.
   c) Incorporando módulos de formación sobre prácticas sostenibles en las sesiones de tutorización.
   d) Ignorando por completo el impacto ambiental de las actividades de tutorización.

4. **¿Cuál de las siguientes afirmaciones describe mejor el principio de igualdad de oportunidades en el ámbito laboral?:**

   a) Todas las personas deben recibir el mismo salario.
   b) Las oportunidades de empleo deben estar disponibles para todos, sin discriminación injusta.
   c) Los empleadores pueden discriminar basándose en la edad.
   d) La discriminación en el empleo está permitida si es necesaria para el funcionamiento eficiente de la empresa.

5. **¿Por qué es importante que un tutor desarrolle habilidades de adaptabilidad en el entorno empresarial?:**

   a) Para mantener una rutina constante sin cambios.
   b) Para enfrentar desafíos y cambios en el entorno laboral.
   c) Para resistir cualquier cambio en las políticas internas.
   d) Para evitar la interacción con nuevos empleados o tutorizados.

6. **¿Qué implica la empatía en el contexto de la tutorización en la empresa?:**

   a) Imponer decisiones sin considerar las opiniones del tutorizado.
   b) Evitar cualquier interacción personal con los empleados.
   c) Fomentar la competencia entre los tutorizados.
   d) Comprender y compartir los sentimientos del tutorizado.

7. **¿Cuál es el beneficio principal de aplicar la Inteligencia Emocional en el proceso formativo?:**

   a) Mejorar la memoria.
   b) Desarrollar habilidades técnicas.
   c) Fortalecer las habilidades sociales y emocionales.
   d) Aumentar la velocidad de aprendizaje.

8. **¿Cuál de las siguientes opciones describe mejor un principio fundamental de la escucha activa?:**

   a) Ignorar las emociones del hablante.
   b) Preparar respuestas mientras el hablante está hablando.
   c) Mostrar empatía y concentración total en el hablante.
   d) Interferir con el discurso para compartir experiencias personales.

9. **¿Cuál es un rol importante que puede desempeñar un tutor en un equipo de trabajo?:**

   a) Dirigir todas las actividades del equipo.
   b) Facilitar la comunicación y la colaboración.
   c) Hacer todo el trabajo por los aprendices.
   d) Ignorar las diferencias individuales.

10. **¿Qué papel juega la comunicación efectiva en la motivación de las personas tutorizadas en un programa de tutoría?:**

    a) No tiene impacto.
    b) Puede aumentar la confusión.
    c) Mejora la comprensión y la motivación.
    d) Solo es relevante para los tutorizados nuevos.

TEST DE UNIDADES DIDÁCTICAS

SOLUCIONES

Unidad 1

1. c) Contratos de formación en alternancia y contratos destinados a adquirir una práctica profesional.
2. b) El artículo 11.3 del Estatuto de los Trabajadores.
3. c) Aquellas prácticas que se ofrecen fuera del plan de estudios.
4. c) Facilitar el aprendizaje y desarrollo de habilidades del estudiante.
5. d) Proporcionar retroalimentación y apoyo al estudiante.
6. d) Auge de la formación online y a distancia.
7. a) Desde 3 meses hasta 2 años.
8. b) Habilidades blandas como la comunicación y el trabajo en equipo.
9. c) Enfoque en la reinversión para mejorar servicios educativos.
10. b) Comunicación efectiva, empatía y capacidad de escucha.

Unidad 2

1. b) Proporcionar orientación y apoyo a los nuevos empleados.
2. b) Para adaptar la tutoría a sus características y metas.
3. d) Mejor adaptación de la tutoría y aumento del rendimiento.
4. c) Una imagen futura deseada de la empresa.
5. a) Estructura jerárquica y relaciones de autoridad.
6. c) Contribuir al bienestar de la sociedad y minimizar los impactos negativos.
7. d) Riesgo de ruido.
8. a) Evaluación de necesidades.
9. b) Proporcionar una experiencia práctica relevante para el estudiante.
10. c) Facilitar la planificación y organización de las experiencias de aprendizaje.

Unidad 3

1. a) *Derecho a la igualdad.*

2. c) *Proporcionar un ambiente inclusivo y adaptar sus estrategias de enseñanza.*

3. c) *Incorporando módulos de formación sobre prácticas sostenibles en las sesiones de tutorización.*

4. b) *Las oportunidades de empleo deben estar disponibles para todos, sin discriminación injusta.*

5. b) *Para enfrentar desafíos y cambios en el entorno laboral.*

6. d) *Comprender y compartir los sentimientos del tutorizado.*

7. c) *Fortalecer las habilidades sociales y emocionales.*

8. c) *Mostrar empatía y concentración total en el hablante.*

9. b) *Facilitar la comunicación y la colaboración.*

10. c) *Mejora la comprensión y la motivación.*

GLOSARIO

Adaptabilidad y flexibilidad en la tutorización

Se centran en cómo los tutores deben ser capaces de adaptar su estilo de enseñanza a las diferentes necesidades de los estudiantes. Esto se consigue comprendiendo los diversos estilos de aprendizaje y ajustando los métodos para asegurar la comprensión del material.

Aprendizaje activo y estratégico en la tutorización

Habilidad valiosa para los tutores en el ámbito empresarial, ya que implica la capacidad de diseñar y facilitar experiencias de aprendizaje de manera proactiva, adaptativa y orientada a objetivos.

Aprendizaje combinado, híbrido o blended learning

Combinación de métodos de enseñanza presenciales y online. Esta modalidad busca aprovechar lo mejor de ambos mundos, integrando la interacción directa en el aula con la flexibilidad y la accesibilidad de los recursos online.

Aprendizaje del proceso de solución de problemas durante la tutorización

Se refiere a cómo los tutores pueden facilitar y guiar a los estudiantes en el desarrollo de habilidades para abordar y resolver problemas de manera efectiva. Implica enseñar a los estudiantes a entender, analizar y resolver problemas de manera crítica y reflexiva.

Aprendizaje digital en la tutorización

Cualquier tipo de aprendizaje que involucra habilidades o experiencias de aprendizaje que utilizan la tecnología de manera efectiva.

Aprendizaje virtual

Adquisición de conocimientos, habilidades o competencias a través de medios electrónicos o digitales, en lugar de métodos de enseñanza tradicionales que implican la interacción directa en un entorno físico. Este tipo de aprendizaje utiliza tecnologías de la información y la comunicación (TIC) para facilitar la entrega de contenido educativo.

Comunicación

Proceso complejo que implica la transmisión de información, ideas, pensamientos o sentimientos entre dos o más personas.

Comunicación efectiva

Comunicación que transmite un mensaje de forma clara y comprensible para el destinatario, sin provocar dudas, confusión o posibles malentendidos.

Conflicto

1. Apuro, situación desgraciada y de difícil salida.

2. Problema, cuestión, materia de discusión.

Conflicto laboral

Confrontación entre dos o más empleados cuyas opiniones, puntos de vista o actitudes provocan fricciones entre las partes. Es importante abordar esto, ya que afecta a la productividad, al desempeño y a la capacidad de la empresa para lograr sus objetivos.

Contrato de formación en alternancia de trabajo y formación

Tipo de contrato laboral diseñado para facilitar la inserción laboral de los jóvenes a través de la combinación de formación teórica y práctica.

Contrato destinado a adquirir una práctica profesional

Tipo de contrato laboral que tiene como objetivo facilitar la adquisición de experiencia profesional a aquellas personas que han finalizado sus estudios y desean incorporarse al mercado laboral.

Creatividad, originalidad e iniciativa en la tutorización

Conjunto de habilidades perfecto para cualquiera que quiera realizar un trabajo creativo que resuelva problemas u optimice procesos para crear o innovar.

Para ello, el tutor debe: diseñar métodos de enseñanza innovadores, presentar la información de manera única y buscar maneras de mejorar el proceso de aprendizaje.

Crítica constructiva

Tipo de feedback que se centra en señalar áreas de mejora, pero lo hace de una manera positiva y orientada a soluciones.

Cronograma de actividades de tutorías

Documento que organiza y planifica las diferentes actividades y sesiones de tutoría que se llevarán a cabo a lo largo de un periodo específico. Estas tutorías pueden ser parte de un programa académico, de orientación o de apoyo personal.

Cronograma de actividades en la empresa

Plan detallado de las actividades que el participante llevará a cabo durante su estancia en la empresa. Esto puede incluir rotaciones por diferentes departamentos, proyectos específicos, formación dirigida, tutorías y evaluaciones periódicas.

Daños derivados del trabajo

"Enfermedades, patologías o lesiones sufridas con motivo u ocasión del trabajo". (INSS)

Descripción del trabajo a desempeñar por la persona tutorizada en una empresa

Documento que detalla las responsabilidades, tareas y expectativas asociadas al puesto que ocupará el empleado bajo la tutela de un tutor o mentor. Esta descripción es crucial para proporcionar claridad y orientación tanto al tutor como al empleado en formación.

Empatía

Sentimiento de identificación con algo o alguien o la capacidad de identificarse con alguien y compartir sus sentimientos.

Equipo de protección individual (EPI)

Artículo cuya función es proteger a la persona que lo lleva o usa de ciertos riesgos laborales.

Escucha activa

Habilidad de comunicación que implica prestar total atención a la persona que está hablando, con el propósito de entender completamente su mensaje, perspectiva y emociones. Se trata de mucho más que simplemente oír las palabras que se dicen; implica mostrar interés genuino, hacer preguntas pertinentes y ofrecer retroalimentación para demostrar que estás comprometido en la conversación.

Evaluación de la estancia en la empresa de personas tutorizadas

Proceso dinámico, continuo y estructurado que cumple funciones de diagnóstico, formación y, en su caso, reconocimiento y/o certificación de las competencias adquiridas.

Evaluación formativa

Se realiza durante el proceso de aprendizaje para proporcionar retroalimentación continua y mejorar el rendimiento.

Evaluación sumativa

Se lleva a cabo al final de un periodo determinado para medir el nivel de logro de los objetivos de aprendizaje.

Feedback o retroalimentación

Información que se proporciona sobre el rendimiento o resultado de una acción con el objetivo de mejorar o ajustar futuras acciones.

Formación bonificada

Se realiza a través de cursos de capacitación gestionados por el Servicio Público de Empleo (SEPE) y la Fundación Estatal para la Formación en el Empleo (FUNDAE).

Formación interna

Es fundamental para las empresas que luchan por la innovación y el desarrollo.

Formación subvencionada

No la imparten las empresas, sino directamente las entidades públicas que imparten cursos específicos para mejorar las habilidades de los empleados.

Habilidades transversales, habilidades interpersonales, habilidades blandas o soft skills

Habilidades que son relevantes y aplicables en una variedad de contextos laborales. Estas habilidades son clave para apoyar y guiar a otros empleados en su desarrollo personal y profesional.

Impacto ambiental

Impacto de las actividades humanas y naturales en el entorno natural e incluye aspectos como la calidad del aire, la calidad del agua, la biodiversidad y la salud de los ecosistemas.

Inteligencia emocional

Capacidad de reconocer emociones en uno mismo y en los demás, de estar motivado y de gestionar las emociones de manera positiva, especialmente en las relaciones interpersonales. (Goleman)

Itinerario formativo

Estrategia a largo plazo que incluye un conjunto de recomendaciones y actividades académicas que conducen a mejoras en la capacitación de los empleados en uno o más campos profesionales específicos. Es necesario destacar que el itinerario es un elemento clave en cualquier plan de formación corporativo.

Misión de la empresa

Propósito y razón de existir de la empresa de forma que constituye la guía fundamental para la toma de decisiones diarias.

Motivación

Decisión o deseo que lleva a una persona a realizar ciertas acciones o comportamientos con el fin de lograr una meta. Es decir, la motivación tiene un impacto significativo en la puesta en marcha de conductas hacia un determinado objetivo.

Organigrama de la empresa

Representación gráfica de la estructura jerárquica y funcional de la organización. En otras palabras, muestra cómo se distribuyen las responsabilidades y autoridades dentro de la empresa.

Pensamiento analítico e innovador en la tutorización

Habilidades cruciales para un tutor, ya que le permiten personalizar la enseñanza, abordar desafíos, fomentar la creatividad, adaptarse a cambios, estimular el pensamiento crítico y preparar a los estudiantes para el futuro.

Pensamiento crítico y de análisis en la tutorización

El pensamiento crítico implica la capacidad de analizar información, identificar problemas y proponer soluciones efectivas. Los profesionales con habilidades de análisis pueden abordar desafíos complejos de manera estructurada y lógica.

Píldoras formativas

Pequeñas unidades de información diseñadas para transmitir conocimientos específicos de manera rápida y efectiva. Estas pueden presentarse en diversos formatos, como vídeos cortos, documentos, presentaciones, o incluso actividades interactivas, con el objetivo de facilitar el aprendizaje y la asimilación de conceptos clave en un corto periodo de tiempo.

Plan de acogida

Protocolo de una empresa para dar la bienvenida a nuevos empleados. Se trata de un documento estratégico diseñado para delinear el proceso de integración de los empleados a la empresa.

Plan de evacuación

Documento que se puede utilizar en caso de emergencia y enumera áreas, instalaciones y otras precauciones de emergencia importantes.

Plan de formación

Conjunto de acciones formativas necesarias para mejorar los conocimientos y habilidades de los empleados dentro de una empresa.

Planificación de tutorías

Proceso de organización y programación de sesiones de tutoría con el objetivo de brindar orientación y apoyo personalizado a los estudiantes/tutorizados. Estas tutorías pueden tener lugar en diversos contextos, como, por ejemplo, en instituciones educativas, programas académicos o entornos laborales.

Prácticas complementarias a la formación

Aquellas que se ofrecen fuera del plan de estudios. Aunque la admisión es obligatoria en la mayoría de los casos, deberían ser "opcionales" para los estudiantes que desean una educación práctica.

Prácticas no laborales

Prácticas en las que la persona en prácticas completa sus estudios sin tener ningún tipo de relación laboral con la empresa.

Se pueden dividir en dos grupos: prácticas complementarias a la formación y prácticas vinculadas a un plan de estudios.

Prácticas vinculadas a un plan de estudios

Actividades académicas que se incluyen en el plan de estudios y generalmente son necesarias para obtener un título.

Se dividen en:

- Prácticas académicas externas en entornos universitarios: estudios de grado, posgrado, másteres, etc.

- Prácticas relacionadas con Certificados de Profesionalidad: se efectúan al terminar todos los módulos formativos del Certificado de Profesionalidad.

- Prácticas de los ciclos de Formación Profesional: foco en la adquisición de competencias y de habilidades profesionales relevantes para la profesión correspondiente a cada oferta formativa.

Prevención laboral

"Conjunto de actividades o medidas adoptadas o previstas en todas las fases de actividad de la empresa con el fin de evitar o disminuir los riesgos derivados del trabajo". (INSS)

Proyección de la empresa

Anticipación o estimación de su futuro desempeño y crecimiento. Es un ejercicio estratégico que implica analizar tendencias pasadas, evaluar el entorno empresarial actual y prever posibles escenarios futuros.

Resolución de conflictos y problemas complejos en la tutorización

Proceso utilizado por dos o más partes para resolver un problema de manera pacífica. Para poner en práctica esta habilidad los tutores deben: ser facilitadores del diálogo, descomponer problemas y orientar a sus tutorizados para que encuentren soluciones prácticas en lugar de centrarse en los problemas.

Responsabilidad social corporativa

"Toda actuación empresarial de carácter voluntario que contribuye al bien común. Con dichas estrategias se pretende, por tanto, beneficiar a la sociedad y al planeta para contrarrestar el impacto negativo derivado de la actividad de un negocio. También es habitual referirse a este concepto como responsabilidad social de las empresas (RSE)". (IGECA)

Riesgo laboral

"Posibilidad de que un trabajador sufra un determinado daño derivado del trabajo". (INSS)

Salud laboral

"Actividad multidisciplinaria que promueve y protege la salud de los trabajadores. Esta disciplina busca controlar los accidentes y las enfermedades mediante la reducción de las condiciones de riesgo". (OMS)

Seguridad en el trabajo o laboral

Disciplina que se encarga de prevenir accidentes laborales garantizando la seguridad de los lugares de trabajo, las máquinas, las herramientas y todos los demás equipos utilizados por los trabajadores.

Sensibilización en la tutorización

Capacidad del tutor para comprender y responder a las necesidades, habilidades y características individuales de cada estudiante.

Sinergia con el centro de formación

Colaboración y cooperación entre diferentes entidades o individuos para lograr objetivos comunes relacionados con la educación y la formación.

Transferir el conocimiento a diferentes contextos en la tutorización

Capacidad para utilizar el mismo conocimiento en una variedad de situaciones.

Tutor

Persona que brinda orientación, apoyo y asesoramiento a individuos en áreas específicas, ya sea en el ámbito educativo, laboral o personal.

Valores de la empresa

Principios éticos y creencias fundamentales que guían el comportamiento y las decisiones de la empresa. Son la base de la cultura organizacional. Así pues, estos valores establecen un compromiso ético que da forma e inspira el plan estratégico de la empresa.

Visión de la empresa

Determina cómo se cumplirá su misión; visión empresarial debe describir cómo logrará su misión empresarial.

BIBLIOGRAFÍA

WEBGRAFÍA

Bibliografía

- *Aplicación del conocimiento como bien común y mejora social* Badillo Gaona, M., Paredes Rojas, L. y Fajardo Ramírez, A. J. Mercados y Negocios, núm. 39, pp. 135-159, 2019.Universidad de Guadalajara.

  Disponible en: **https://www.redalyc.org/journal/5718/571860887007/html/**

- *Educación emocional y competencias básicas para la vida.* Bisquerra, R. (2003). Revista de Investigación Educativa, 1, 21, 7-43.

- *Educación y sociedad: una nueva visión para el siglo XXI.* Ferrer, F. (1998). Revista Española de Educación Comparada. No. 4 (11-35).

- *Emotional intelligence: why it can matter more than IQ.* Goleman, D. (1995). Nueva York: Bantan Books (Edición española: Goleman, D. (1996). Inteligencia emocional. Barcelona: Kairós).

- *Guía para el aprendizaje en el puesto de trabajo.* Cuadernos de trabajo – formación, empleo, cualificaciones – número 41. CIDEC. Centro de Investigación y Documentación sobre problemas de la Economía, el Empleo y las Cualificaciones Profesionales. Iniciativa promovida por el departamento de justicia, empleo y seguridad social. Gobierno vasco (cofinanciado por el Fondo Social Europeo). Donostia-San Sebastián.

  Disponible en: **http://www.cidec.net/cidec/pub/archivos/41.pdf**

- *Guía para la tutoría de las "prácticas en empresas".* Programa doble titulación ade-derecho por el tutor de la Universidad de Valencia. Curso académico 2010/2011.

  Disponible en: **https://www.uv.es/economia/adedret/Guia.pdf**

- *Guía práctica para la colaboración entre empresas del sector tic y centros de FP en Asturias.* Iván Diego Rodríguez (Valnalón). Ciudad Industrial del Valle del Nalón, S.A.U. Diciembre, 2020.

  Disponible en: **https://asturias4steam.eu/wp-content/uploads/2021/10/Asturias4Steam_GuiaColaboracionEmpresasTICCentrosFP_lowRes.pdf**

- *Inteligencia emocional,* Salovey, P., Mayer, J. (1990). *Imaginación, Conocimiento y Personalidad*, 9 (3), 185 -211. Basic Books.

- *Itinerario formativo para trabajadores/as.* Fundación para la Formación y el Empleo de Andalucía (FOREM-A).

  Disponible en: **https://www.foremandalucia.es/aacc/guia/pdf1/itinerario_trab.pdf**

- *La educación encierra un tesoro.* Delors, J. (1996). Madrid: Santillana, Ediciones UNESCO. La mentoría, un sistema de tutorización del máster en docencia universitaria para profesorado novel de la Universidad de Barcelona. Juan Antonio Amador Campos, Evangelina González Fernández, Lourdes Marzo, Teresa Pagès, Salvador Carrasco Calvo, Mercedes Gracenea Zugarramurdi, Mònica Mato Ferré, Rosa Sayós Santigosa. Univest 2011: III Congreso Internacional "La autogestión del aprendizaje", 2011, ISBN 978-84-8458-354-7. Fundación Dialnet – Universidad de La Rioja.

  Disponible en: **https://dialnet.unirioja.es/servlet/articulo?codigo=8368933**

- *La tutoría, el tutor y el plan de acción tutorial.* Noemí Álvarez Vallina, Pedagogía Magna, Nº. 8, 2010, págs. 176-186, Fundación Dialnet – Universidad de La Rioja, Pedagogía Magna, ISSN-e 2171-9551, **Nº. 8, 2010**, págs. 176-186.

  Disponible en: **https://dialnet.unirioja.es/servlet/articulo?codigo=3628050**

- *Manual de tutores de empresa en la FP dual,* Mª Ángeles Caballero y Pep Lozano, Fundación Bertelsmann y Consell de Cambres de Catalunya, Barcelona, 2016.

  Disponible en: **https://www.fpdual.cat/media/docs/Manual_Tutores_web_vf_.pdf**

- *Perfil competencial del tutor o de la tutora de enseñanza secundaria.* Tarrida, Antoni Giner. Revista Española de Orientación y Psicopedagogía, vol. 23, núm. 2, mayo-agosto, 2012, pp. 22-41. Asociación Española de Orientación y Psicopedagogía. Madrid, España

  Disponible en: **https://www.redalyc.org/pdf/3382/338230791003.pdf**

- *Protocolo de implementación de los procesos de planificación y acuerdo. Mecanismos de mediación y concertación en la planificación de la formación para el empleo.* Fundación Estatal para la Formación en el Empleo - Consulting Business Siglo XXI.

  Disponible en: **https://asalma.org/wp-content/uploads/2021/02/Protocolo-de-implementacion.pdf**

- *Seguimiento y evaluación en la uned del sistema de prácticas de los alumnos en empresas.* Ballesteros Velázquez, B., Manzano Soto, N. y Moriano, J. A. (2001). RELIEVE, v. 7, n. 1, p. 3-21.

  Disponible en: **http://www.uv.es/RELIEVE/v7n1/RELIEVEv7n1_1.htm**

- *Tendencias del mercado de trabajo en españa 2023.* Observatorio de las Ocupaciones – Catálogo general de publicaciones oficiales – Servicio Público de Empleo Estatal. Marzo, 2023

  Disponible en: **https://www.sepe.es/SiteSepe/contenidos/observatorio/Que-es-el-Observatorio/2023_Tendencias_Mercado_Trabajo.pdf**

Webgrafía

- https://www.boe.es/buscar/act.php?id=BOE-A-2021-21788

- https://www.personio.es/glosario/contrato-de-formacion/

- https://payfit.com/es/contenido-practico/contrato-en-practicas/

- https://www.ugt.es/sites/default/files/informe_integral_sobre_practicas_
no_laborales_en_nuestro_pais_-_ruge-ugt_mayo_2022_1.pdf

- https://www.boe.es/buscar/pdf/2015/BOE-A-2015-9734-consolidado.pdf

- https://www.boe.es/buscar/pdf/2017/BOE-A-2017-7769-consolidado.pdf

- https://www.wolterskluwer.com/es-es/expert-insights/contrato-forma-
cion-alternancia

- https://www.boe.es/buscar/act.php?id=BOE-A-2015-11430#a11

- https://andaluciaemplea.org/contrato-de-formacion-en-alternancia/

- https://www.cuestioneslaborales.es/el-contrato-de-formacion-en-alter-
nancia/

- https://edutedis.com/contrato-formacion-alternancia/

- https://www.sepe.es/HomeSepe/que-es-el-sepe/comunicacion-institucio-
nal/publicaciones/publicaciones-oficiales/listado-pub-empleo/guia-contra-
tos/guia-contratos-introduccion/contrato-para-la-formacion-y-el-aprendi-
zaje.html

- https://www.sepe.es/HomeSepe/que-es-el-sepe/comunicacion-institucio-
nal/publicaciones/publicaciones-oficiales/listado-pub-empleo/guia-contra-
tos/guia-contratos-introduccion/contrato-en-practicas.html

- https://www.audiolis.com/blog/diferencia-entre-el-contrato-de-practi-
cas-los-becarios-y-el-contrato-para-la-formacion-y-el-aprendizaje/

- https://fg.ull.es/noticias/2018/05/03/implementar-formacion-en-las-em-
presas/

- https://emprendedores.es/gestion/plan-de-negocio-empresa-forma-
cion-online/

- https://2-learn.net/director/el-perfil-del-tutor/

- https://www.indeed.com/orientacion-profesional/como-encontrar-em-
pleo/que-es-tutor

- https://blog.hubspot.es/service/que-es-feedback

- https://www.adecco.es/insights/trabajo-temporal/criticas-constructivas

- https://additioapp.com/el-uso-de-herramientas-tic-en-el-aula/

- https://www.telefonica.com/es/sala-comunicacion/blog/ventajas-desventajas-tic-educacion/

- https://smowl.net/es/blog/mentoring-empresarial/

- https://www.rrhhdigital.com/secciones/salud-y-empresa/136064/La-necesidad-de-las-companias-de-tener-un-programa-de-mentores/

- https://www.bizneo.com/blog/plan-de-acogida-para-nuevos-empleados/

- https://www.personio.es/glosario/plan-de-acogida/

- https://asana.com/es/resources/vision-statement

- https://www.ikea.com/es/es/this-is-ikea/about-us/la-vision-y-los-valores-ikea-pub9aa779d0

- https://www.coca-cola.com/es/es/media-center/vision-mision-valores

- https://www.camara.es/blog/formacion-empleo/beneficios-formacion-trabajadores-empresas

- https://igeca.net/blog/530-que-es-la-responsabilidad-social-corporativa-y-como-se-aplica-en-el-ambito-cultural

- https://cobee.io/blog/pasos-elaborar-plan-formacion/

- https://www.inap.es/itinerarios-formativos

- https://www.insst.es/materias/equipos/epi

- http://www.asesoriaformacion.foremclm.es/plan_formacion

- https://asalma.org/wp-content/uploads/2021/02/Protocolo-de-implementacion.pdf

- https://www.camaragrancanaria.org/es/area-1/programa-de-tutorizacion-y-mentoria-avanzado

- https://administracion.gob.es/pag_Home/Tu-espacio-europeo/derechos-obligaciones/ciudadanos/trabajo-jubilacion/seguridad-salud/prevencion-riesgos.html#-79507533cc01

- https://saludlaboralydiscapacidad.org/salud-laboral/que-es/

- https://istas.net/salud-laboral

- https://istas.net/salud-laboral/actividades-preventivas/evaluacion-de-riesgos-laborales

- https://istas.net/salud-laboral/actividades-preventivas/equipos-de-proteccion-individual

- https://agrpuertas.com/blog/seguridad/como-elaborar-un-plan-de-evacuacion/

- https://acsrecycling.es/como-reducir-el-impacto-medioambiental-de-tu-empresa/

- https://www.primagas.es/blog/minimizar-el-impacto-medioambiental-de-tu-empresa

- https://www.educaweb.com/noticia/2007/11/05/educacion-emocional-beneficio-escuela-persona-sociedad-2615/

- https://asana.com/es/resources/active-listening

- https://www.iepp.es/comunicacion-efectiva/

- https://educrea.cl/tecnicas-de-ensenanza-para-mejorar-la-motivacion-de-los-estudiantes/

- https://www.adeccorientaempleo.com/habilidades-blandas-mas-demandadas-en-2023-1119003/

- https://www.thetalentplace.cr/habilidades-esenciales

- https://mailchimp.com/es/resources/conflict-resolution-skills/

- https://www.mites.gob.es/es/igualdad/index.htm#

- https://www.ine.es/prodyser/myhue20/bloc-2a.html?lang=es

Vídeos

- https://www.youtube.com/watch?v=FlUJLdpSyzM

- https://www.youtube.com/watch?v=IOZzzsi_vQQ&t=10s